*„Wenn es einen Weg gibt,
etwas besser zu machen:
Finde ihn!"*

Thomas Alva Edison

Danke an meine Eltern und meine Schwester.

Danke an alle meine Wegbegleiter.

Danke an Tristan.

Danke von Herzen.

Impressum

2. Auflage: März 2020
© Edition Outbird
Imprint im Telescope Verlag
www.edition-outbird.de
www.telescope-verlag.de

Coverfotografie: Katrin Hetzel / piasa.deviantart.com
Covergestaltung und Lektorat: Tristan Rosenkranz

ISBN: 978-3-95915-112-2
Preis: 11,90 Euro

Erstkontakt

Ich hatte vor wenigen Wochen meine Partnerin vor die Türe gesetzt, mit welcher ich vier Jahre eine Beziehung führte. Dass sie dies all die Jahre auch parallel noch mit einem über 20 Jahre älteren Mann auslebte war, nach dessen Bekanntwerden, Grund genug sie zu verlassen. Nach dieser wirklich bitteren Enttäuschung und dem damit verbundenen Vertrauensverlust war mir klar, dass ich vorerst von Frauen, Beziehungen und dem ganzen Pärchenkram die Nase voll hatte.

Nun ja, schnell allerdings machte mir eine meiner eher weniger positiven Eigenschaften einen Strich durch diesen Vorsatz: meine Inkonsequenz in manchen Dingen. Ja Himmel, wir haben Sommer, ich habe einen Computer mit Internetanschluss, ich habe meine fremdgehende Partnerin rausgeworfen und somit nun alle Zeit und Freiheiten der Welt.

Und wie kann man sich besser über solch eine bittere Enttäuschung hinwegtrösten als mit dem Anmelden in einer Single-Community? Dieses „Alle 11 Minuten"-Ding war mir zu teuer. Und irgendwelche Sex-Portale waren mir zu oberflächlich.

Nach kurzer Suche wurde es ein Profil in der damals sehr populären „Freenet-Community". Da ich gern Schwarzen Tee trinke – am liebsten ohne alles – und die bevorzugte Sorte „Darjeeling" ist, stand mein Nickname schnell fest: „Darjeeling_pur".

Dass mir diese Anmeldung die wohl bisher größten Qualen in meinem Leben einbringen würde, hätte ich mir in den verrücktesten Träumen nicht denken können.

Und dass sie mir sogar beinahe mein Leben gekostet hat, erscheint noch unglaublicher. Jetzt hätte eine große Hand vom Himmel kommen müssen, welche mir eine Ohrfeige gibt, die Leviten liest oder zumindest den Stecker vom Computer zieht. Irgendwas. Hauptsache, diese Anmeldung wäre nie erfolgt.

Es kam keine große Hand. Es kam eine Bestätigungsmail, welche mir die Vorzüge der nun erfolgten Anmeldung offerierte. Es kam ein „Gott, ist das alles einfach"-Gefühl und die ersten Vorschläge für potentiell passende Damen. Und es verschwand die bittere Trauer des Betrogenwordenseins. Ich klickte mich durch wie in einem Katalog. Hier bietet sich alles an, was man sich nur vorstellen oder auch nicht vorstellen kann.

Dick, dünn, blond, braun, rot, groß, klein, mit und ohne

Schwanz und Bart. Tausende von Frauen, allein hunderte aus dem näheren Umkreis. Mein erster Ausflug in solch eine Welt. Wie schön das doch alles ist.

Ich war mir trotz meiner Inkonsequenz bewusst und sicher, dass ich zwar schaue, aber ebenso sicher, dass es keinesfalls eine Beziehung geben wird in den nächsten Wochen und Monaten, ja vielleicht sogar Jahren.

Schauen – ja! Aber anfassen nicht!

Hätte ich geahnt, was bald auf mich zukommt, wäre anfassen nicht mal mit Schutzhandschuhen denkbar gewesen.

Mir fiel recht bald ein Foto von einer Frau in dieser Community auf, welche mit kurzen schwarzen Haaren vor einem älteren Gebäude an einem Fluss stand.

Ich erkannte dieses Gebäude schnell als das alte Rathaus in einer Stadt in Oberfranken.

Ich hatte zu dieser Zeit öfters beruflich dort zu tun, dadurch erkannte ich den Herkunftsort des Fotos. Natürlich musste ich meine Erkenntnis dieser Frau sofort in einer privaten Nachricht mitteilen. Spätestens jetzt hätte die große Hand kommen müssen, mir die Ohren langzuziehen. Wieder kam keine Hand.

Wieder hielt mich nichts vom schicksalhaften Verlauf der Dinge ab. Statt der Hand kam postwendend eine Antwort dieser bis dahin unbekannten Frau. Ich hatte also das Foto sowie ihren Standort und ihren Nickname. Und ich hatte eine Antwort. Ein profanes „Ja, da hast du richtig geraten". Nur diese Antwort. Und ein keckes Emoji dazu. Aus der ordinären Antwort entwickelte sich rasch ein Smalltalk. Name, Alter, Wohnort und all die groben Eckdaten wurden schnell abgefragt und ausgetauscht. Nach der... ich nenne es mal... kurzen „Einleitung" kam die nun nicht mehr ganz so unbekannte Frau, wusste ich doch ihren Namen und wo sie lebt, sehr zügig auf ihre momentanen Lebensumstände zu sprechen.

Wir hatten uns bis zu diesem Zeitpunkt weder gesehen noch persönlich geredet. Wir kannten uns nur aus dieser Community. Und sie vertraute mir ihr komplettes Schicksal an. Furchtbar klang das alles. Ihr Noch-Ehemann würde sie misshandeln, schlagen, ihr drohen. Das volle Programm. Umschmückt mit den unfassbarsten Erlebnissen und begleitet von bitterer Angst, Trauer und Tränen schilderte sie mir ihre Not. Und damit hatte sie mich.

Sie hatte mein Mitleid und mein Bedürfnis, ihr zu helfen, geweckt. Sehr schnell war ein persönliches Treffen vereinbart. Zeitnah musste es sein und schnell. Es sind vom Zeitpunkt der Anmeldung in dieser Community bis dahin keine zwei Wochen vergangen.

Das Treffen kam dann auch zeitnah und schnell, bereits einen Tag nach der Idee zu einem Treffen stand ich pünktlich am vereinbarten Ort: einer nahegelegenen Talsperre. Nun sah ich diese Frau zum ersten Mal „in echt". Eine angenehme Erscheinung, freundlich und nett. Nichts Besonderes. Durchschnitt. Vielleicht 1.70m groß, kurze, schwarze Haare, lässig und sportlich gekleidet, auf den ersten Eindruck etwas schüchtern.

Der vorerst einzige Umstand, der mir etwas Bauchweh bereitete, war ihr Hund. Ein Tier von gut und gerne 90kg. Dass jedoch nicht dieser riesige Hund mein Schicksal sein sollte, sondern der Mensch am anderen Ende der Leine, war mir zu diesem Zeitpunkt nicht bewusst.

Ihr rasantes Tempo, in dem sie mir ihr Leid klagte und offensiv um Hilfe bat, hätte mich stutzig machen müssen. Das war von Anfang an nicht normal. Jeder halbwegs normal denkende Außenstehende hätte das sofort gemerkt.

Und jeder halbwegs normal denkende Mensch hätte mich an den Ohren gepackt und mich postwendend aus dieser Situation herausgezogen. Wobei, ich bezeichnete mich bis dahin als ebenso normal und klar denkend. Damit ich ein kritisches Feedback bekomme, hätte es aber eines simplen Umstandes bedurft: dass ich anderen mitteile, dass ich jemanden treffe.

Ich habe niemanden erzählt, wen ich da kennenlerne und unter welchen Umständen das geschieht. Das Treffen drehte sich ab dem ersten Augenblick ausschließlich um ihre momentanen Lebensumstände. Der erwartete Small-Talk und ein Kennenlernen blieben gänzlich aus.

Nach nur wenigen Metern unseres ersten gemeinsamen Spaziergangs rollten bei ihr bereits die ersten Tränen. Ganz schlimm würde es ihr ergehen in ihrer jetzigen Ehe. „Noch-Ehe", wie sie immer wieder betonte, denn eine Trennung wäre wohl schon im Gange und darauf würde unweigerlich eine Scheidung folgen.

Ihr Ehemann würde sie ständig bedrohen, schlagen und erniedrigen. Er würde wohl Schusswaffen besitzen und auch drohen, diese gegen sie zu benutzen. Ebenso hätte er ihr mehrmals gesagt, dass er sie im Teich versenken wolle.

Sie hat nichts zu melden, würde rund um die Uhr unterdrückt und überwacht. Sie würde zu nichts taugen, wäre völlig unfähig, dumm, zu fett und zu hässlich. Sie könne weder kochen noch andere brauchbare Aufgaben im Haus erledigen und solle im Allgemeinen froh sein, dass er sie sich halten würde. Wie sie sagte, drängte er sie wohl zu den skurrilsten Dingen, damit sie für ihn halbwegs attraktiv und interessant wirke.

Sie solle sich wohl ihre Nase richten lassen, die Brüste müssten auch mal eine Frischekur bekommen und ihre Speckrollen würden auch nur mittels einer OP in den Griff zu bekommen sein. Die Mängelliste wurde noch unendlich fortgesetzt. Sie legte glaubhaft dar, dass sie diesem Mann gegenüber ihre gesamte Persönlichkeit verpfändet hatte. Freies Denken und Handeln war schlichtweg nicht mehr machbar für sie.

Das Treffen mit mir war wohl nur möglich, da sie es als Spaziergang mit dem Hund getarnt hat. Oft blieben wir stehen. Oft rang sie um Fassung, suchte nach den passenden Worten, brach immer wieder in herzerweichendes Weinen aus.

Nie sah ich – bis zu diesem Zeitpunkt – einen Menschen, der so erschütternd über seine momentanen Lebensumstände berichtete. Es deutete für mich nichts darauf hin, dass ihre Erzählungen nicht der Wahrheit entsprechen. Es wirkte authentisch.

Jedes Wort und jedes Gefühl dazu waren ohne jeden Zweifel. Selbst wenn jetzt die große Hand vom Himmel gekommen wäre um mich von allem Weiteren abzuhalten – ich wäre gegen diese Hand immun gewesen.

Für mich gab es ab diesem Zusammentreffen keinerlei Zweifel mehr, dass ich hier eine Frau kennengelernt habe, die echt fertig ist, keinen Ausweg sieht und dringend eine Stütze benötigt, um aus ihren Umständen so schnell wie möglich zu entkommen. Ich sah mich als dieser Retter.

Ich hatte nicht vor, irgendetwas von dieser Frau zu wollen. Sie war weder mein Typ noch war sie sonderlich attraktiv. Sie wirkte nett und offen, ja.
Ansonsten war sie für mich nicht mehr als Durchschnitt. Aber sie brauchte Hilfe, und dafür sah ich mich als perfekt an. Das Treffen dauerte ca. 90 Minuten, dann musste sie dringend wieder los – weil wohl sonst der Tyrann von Ehemann skeptisch werden könnte. Zu meinem Glück hat mich dieser überdimensionale Hund, den sie dabei hatte, die ganze Zeit ignoriert. Irgendwie ein freundliches Tier, trotz der Größe. Sie verabschiedete sich kurz und eher unpersönlich, was ich aber auf ihre Verfassung schob und nicht weiter deutete.
Ich setzte mich in mein Auto und musste eine gute halbe Stunde über das eben stattgefundene Gespräch nachdenken, es verarbeiten, es einordnen. Auf den ersten Eindruck hin war es mir ehrlich gesagt zu viel. Zu viel dahingehend, dass ich so etwas bisher noch nie gehört habe. Ja, ich konnte mir noch nicht mal vorstellen, dass Menschen in ihrem Zuhause solche Dinge erleben müssen. Dass ich hier helfen muss,

stand außer Diskussion. Nur wie – davon hatte ich nicht die blasseste Ahnung. Das war aber auch erst mal nicht wichtig, denn ich war ja da, hörte zu und konnte einigermaßen Mitgefühl zeigen.

Das Schloss

Die Zeit seit dem Kennenlernen verlief fast jeden Tag gleich. Ich ging meiner Arbeit nach und sie organisierte weitere Treffen, zu denen ich nach meiner Arbeit hinfuhr. Diese Treffen zeigten jedes Mal das gleiche Muster: Sie erschien mit ihrem riesigen Hund an der Talsperre, getarnt als Spaziergang, und wir liefen eine Weile und plauderten. Oder genauer gesagt: sie plauderte. Ich kam so gut wie nie zu Wort.

Fortlaufend berichtete sie mir von Unterdrückung, Gewaltandrohungen und bereits vollzogener Gewalt ihres zu diesem Zeitpunkt Noch-Ehemannes. Was jedoch im Vergleich zu den anderen Treffen anders wurde, war, dass sie ihre Trennung und den Auszug aus der gemeinsamen Wohnung immer deutlicher werden ließ.

Sie würde wohl mit ihrem Mann ein Haus bewohnen – welches zwar ihr gehöre, sie aber zugunsten der Trennung forderungslos ihrem Mann zur Nutzung überlassen würde. Hauptsache sie käme von allem weg und hätte ihre Ruhe. Diese Pläne wurden von Mal zu Mal konkreter. Wann sie gehen würde, wie sie gehen würde und wohin sie gehen würde. Alles stand nach und nach immer mehr fest.

Zu einem unserer Treffen teilte sie mir dann mit, dass sie eine Wohnung gefunden hat, sogar in der Stadt in der ich wohne. Sie lebte momentan einige Kilometer entfernt auf dem Land. Die potentielle neue Wohnung wäre bei einem privaten Vermieter, klein, schick und weit genug weg von Ihrem Peiniger. Sie hatte genaue Pläne, was sie von ihrem Hab und Gut mitnehmen würde und müsste.

Damit ich mir davon ein besseres Bild machen konnte, wollte sie mit mir zu diesem Haus fahren, welches sie mit ihrem Ehemann bewohnt.

Ihr Ehemann war wohl auf einer beruflichen Weiterbildung und sie war somit Strohwitwerin, wie man landläufig sagt. Es war ein Dienstag, als wir zu diesem Haus fuhren. Sie hatte mir dieses Objekt in der Vergangenheit mehr als eindrucksvoll beschrieben. Als ich jedoch das erste Mal vor diesem Haus stand, erschien es mir um ein Vielfaches größer und umfassender als es all ihre Erzählungen beschrieben hatten. „Ach, du Scheiße!" waren meine ersten Gedanken.

Wir befuhren einen langen Feldweg, welcher nach ein paar hundert Metern vor einem großen eisernen Tor endete, welches sie öffnete. Wir standen vor einem unfassbar großen Grundstück, umwachsen von riesigen Nadelbäumen.

Wir befuhren das Grundstück entlang eines von Laternen und sauber geschnittenen Hecken und Büschen gesäumten Weges.

Auf einem großen Platz vor dem Haus kamen wir zum Stehen. Ich blickte auf einen großen Badeteich mit Steg sowie auf einen riesigen Eichenwald. Das ganze Grundstück musste gut und gern zehn bis fünfzehntausend Quadratmeter haben. Wie kann man so leben? Warum lebt man so? Muss man so leben? Mich überkam ein Gefühl von Unwohlsein. Das hier war nicht nur groß, das war blankes Übermaß. Es stellte sich unterbewusst der Drang ein, so schnell wie möglich wegzulaufen.

Ihre Situation, welche sie mir all die Wochen eindrucksvoll und glaubwürdig darlegte, war nüchtern betrachtet schon genug für meine kleine gutgläubige Seele. Es war genug, nicht zu viel, aber genug. Sie war noch verheiratet, lebte in Angst, Unterdrückung und Gewalt und hatte kein Wort zu melden. Das war genug.

Damit konnte ich umgehen und mich als ihren Retter ansehen. Den unliebsamen und bösen Ehemann loszubekommen, ihr wohl größtes Problem, darum würde sich das Gericht und ihr Anwalt kümmern, das ging mich nichts an. Ich konnte mich all die Wochen gedanklich auf die Retter-Rolle vorbereiten. Aber nun, da ich Einblick in ihre Welt erhielt, rannte dieser Retter-Gedanke in Windeseile davon.

Gut, sie sprach davon, eine Wohnung gefunden zu haben und sich so oder so von dieser Umgebung zu trennen. Sie hätte wohl auch schon einen Mietvertrag dafür unterschrieben. Mehr wusste ich nicht.

Ich machte mir ehrlich gesagt auch keine Gedanken, ob Ihre Aussagen mit fundierten Beweisen belegbar gewesen wären, denn für mich bestanden ja keinerlei Zweifel an ihren Misshandlungen.

Dennoch, diese hier gesehene Umgebung machte mir Angst. Ich hatte zu viel Respekt vor diesem eindrucksvollen Besitz. Ich kannte so etwas nicht.

Ich wuchs in bürgerlichen Verhältnissen auf, welche solch ein Übermaß nicht kannten. Der Gedanke des Retters wurde winzig klein in Anbetracht dieser Verschwendung.

Sie lief mit mir auf dem Grundstück umher und erzählte mit Freude und leuchtenden Augen von diesem, IHREM, Haus und Grundstück. Wie sie es fand und kaufte, wie sie es liebte, wie ihre Pläne waren, dieses Haus und Grundstück um- und auszubauen und nach ihren Wünschen zu gestalten. Wochenlang hörte ich immer wieder, wie sie doch so schnell wie möglich dort weg wollte und müsste. Wie sicher ihr Entschluss doch sei, dieses Objekt dem tyrannischen Mann zu überlassen und wie der Start in ein neues Leben aussehen würde.

Und jetzt, als wir auf diesem Anwesen standen und sie mir haarklein jedes Detail und jeden Wunsch beschrieb wie sie hier ihr Königreich schaffen wollte, jetzt war keine Spur mehr davon zu erkennen, dass sie all das so leichtfertig auf- und weggeben würde. Noch mehr Angst machte sich in mir breit.

Ich merkte eine unsagbar starke Unruhe in mir aufsteigen mit jedem ihrer Worte zu diesem Objekt. Zu diesem Zeitpunkt hatte ich noch den klaren Gedanken, im Vollbesitz meines Willens, Tun und Handelns zu sein. Ich befand mich nicht im Zustand geistiger Umnachtung. Ich war klar in allem.

Meine Gedanken, mein Bauch, mein Bewusstsein, mein Unterbewusstsein und mein Körper sagten deutlich und unmissverständlich NEIN. DAS ist nicht nur eine Nummer zu groß. Diese Nummer ist so groß, dass ich sie zu meinem damaligen Entwicklungsstand niemals hätte abschätzen können, war ich zu diesem Zeitpunkt doch gerade erst in den Zwanzigern. Ich stand also auf einem reichlich 1,5ha großen Grundstück vor einem alten Jagdhaus aus dem frühen 19. Jahrhundert. Wald, Teich, Pool, Wiese, Obstbäume und Co. zierten das Anwesen.

Sie sprach unentwegt von all ihren Träumen und Vorstellungen im Zusammenhang mit all den Dingen und ich nahm alles schweigend und freundlich lächelnd auf. Nach ihren Ausführungen, die gefühlt eine Ewigkeit andauerten, gingen wir in das Haus hinein.

Das Gebäude bestand aus einem älteren Teil, welcher gänzlich aus Holz gebaut war, und einem Anbau, welcher wohl in den 1980er Jahren entstanden sei. Nach Betreten des Hauses standen wir in einem riesigen Wohnraum welcher gut und gern zehn Meter in der Länge aufwies.

Mittig zierte ein riesiger offener Kamin den Raum. Fast die komplette Raumlänge war seitlich verglast und man hatte dadurch einen ungehinderten Blick auf das riesige Anwesen. Massive Holzmöbel, wohl Tischlerarbeiten, sowie Parkettboden prägten den Raum.

Alles wirkte wie ein Rundgang durch ein Museum, ich traute mich weder zu sprechen noch irgendetwas anzufassen. Ich hörte ihr einfach zu und sah sie sehr glücklich beim Zeigen ihres Hauses. Der Rundgang im Haus dauerte eine Weile an. Es gab neben dem mondänen Wohnzimmer ja noch Schlafzimmer, Küche, Badezimmer, Büro, Herrenzimmer, Flur, Keller, Wirtschaftsräume und vieles mehr zu sehen und zu zeigen.

Wenn mich meine räumliche Vorstellungskraft nicht ganz im Stich gelassen hatte, mussten das gut und gerne um die dreihundert Quadratmeter gewesen sein. Unvorstellbar groß. Und immer wieder kam der Gedanke in mir auf, dass ich mir all das gewiss niemals aufbürden würde. Das überstieg meine Vorstellungskraft um Welten.

Der Tyrann

Noch immer saß die Unfassbarkeit tief in mir. Diese Frau mit diesem angeblich furchtbaren Schicksal und diesem Übermaß von Haus. Ich hatte jeden Tag mit diesen Gedanken zu kämpfen. Doch irgendetwas hat mich bisher davon abgehalten, laut schreiend wegzulaufen. Der Gedanke dies zu tun war allgegenwärtig. Nur was hielt mich davon ab?

Bis heute habe ich keine Erklärung dafür. Trotz all ihrer Schwärmerei bezog sie ihre Wohnung in der nahegelegenen Stadt. Sie hatte nach und nach diverse Dinge aus dem Haus geholt und bereits in diese neue Wohnung gebracht. Wie sie das alles neben ihrem Vollzeitjob bewerkstelligte, war mir unbekannt, denn bisher hatte ich niemanden weiter kennengelernt außer sie.

Hatte sie Freunde, Bekannte, Familie? Wen gab es in ihrem Leben außer diesem tyrannischen Ehemann? Ich wusste es nicht. Und bis zu diesem Zeitpunkt habe ich mir darüber auch keine Gedanken gemacht, ob das etwas zu bedeuten hätte. Es kam der Tag, an dem sie die letzten Dinge aus dem Haus holen wollte. Sie war sich sicher, dass sie zu diesem Zeitpunkt allein dort sein würde.

Somit bat sie mich, mitzukommen, da sie sonst eine zweite Fahrt hätte organisieren müssen. Ich kam natürlich mit, um ihr eine Hilfe zu sein. Es war ein Samstagvormittag, es war herrlichstes Frühlingswetter und die Stimmung war für uns beide sehr fröhlich, war es doch für sie ein Abschluss und der Beginn eines neuen Lebens.

Für mich war es auch ein Abschluss, so fühlte ich mich doch sicher, dass sie dieses Anwesen – von dem sie so schwärmte – nun doch aufgeben würde. Eine riesige Erleichterung für mich, denn die Bedenken, dass ich mit diesem Haus und Grundstück belastet werden konnte, waren ziemlich groß und bereiteten mir große Angst.

Als wir die letzten Kleinigkeiten herausgetragen haben geschah etwas, womit weder ich noch sie gerechnet hatten: Ihr Ehemann stand auf einmal vor uns. Er war, während wir im Haus waren, auf das Grundstück gefahren und hatte gewartet bis wir heraus kamen. Nach allem, was sie über diesen Mann erzählt hatte rechnete ich damit, dass er gleich alles kurz und klein schlagen würde – inklusive Übergriffen auf mich und die bereits verladenen Dinge. Ich hatte mir einen wirklich aggressiven Menschen vorgestellt. Unsachlich, laut, boshaft. Einen richtigen Schläger. Denn so hat sie ihn mir bisher immer beschrieben. Nun stand dieser angeblich gewalttätige Mann vor uns.

Und wenn ich ihn ohne Vorurteile hätte beschreiben sollen, so müsste ich ehrlich sagen, dass er ein sehr sympathisches Wesen hatte. Er wirkte sehr ruhig, freundlich und im Allgemeinen sehr angenehm. Obwohl er mich nicht kannte, stellte er sich gleich sehr offen und freundlich vor, reichte mir die Hand und wirkte der gesamten Situation gegenüber sehr gelassen, leicht distanziert und auffällig ruhig.

Sie hatte unterdessen sofort die Situation verlassen und ich stand allein mit ihm auf dem großen Platz vor dem Haus. Nach ihren Erzählungen hatte ich nun also einen gewalttätigen und Frauen verachtenden Mann vor mir stehen, der seine Ehefrau über Jahre systematisch misshandelte und quälte, ihr jeglichen Freiraum nahm und sie physisch wie auch psychisch missbrauchte. Wie reagiert man in Gegenwart eines solchen Menschen? Eines Straftäters? Denn das was er ihr laut ihren Erzählungen angetan hatte, stellte ihn auf eine Stufe mit einem Straftäter. Wie sollte ich reagieren? Ich tat selbiges wie er – ich stellte mich vor, reichte ihm die Hand und versuchte distanziert und neutral zu wirken. Immerhin hatte ich ja mit allem nichts zu tun, er hat mir nichts getan, er wirkte auf den ersten Eindruck freundlich und augenscheinlich tat er im Moment auch ihr nichts. Wir begannen einen kleinen Small-Talk über das Wetter sowie über die Größe des Grundstückes und der damit verbundenen Arbeit.

Sein Wesen wirkte wirklich sehr ruhig, fast kleinlaut und ohne großes Selbstbewusstsein. Während unseres kleinen Gespräches über belanglose Dinge sah ich, wie sie aus dem Fenster auf uns blickte.

Sie konnte ihn und mich deutlich erkennen und auch die Situation in der ich mich mit ihm befand, unser Gespräch. Nur Sekunden später erschien sie wie eine Furie auf dem Platz, schrie aus voller Kraft diesen Mann an, er solle so schnell es geht hier verschwinden. Da sie jedoch merkte, dass ich mich noch in dieser Situation befand, bat sich mich ins Haus zu gehen und sie mit ihm allein zu lassen. Dies erschien mir etwas unpassend, beschrieb sie ihn doch stets als unberechenbar und höchst gewaltbereit.

Ich wollte mich noch gegen diese Bitte aussprechen und setzte bereits zum Reden an, da unterbrach sie mich sehr aggressiv und deutlich. Da dies im totalen Widerspruch zu ihren bisherigen Erzählungen stand, war ich über ihre Reaktion sehr überrascht und dementsprechend sprachlos. Kleinlaut hielt ich den Mund und kam ihrer Bitte nach, ins Haus zu gehen. Zu deutlich war ihre eben demonstrierte Reaktion. Jedoch hatte ich die Haustüre offen gelassen. Ich befand mich nun gute fünfundzwanzig Meter von den beiden entfernt im Gebäude, dennoch vernahm ich wenige Augenblicke nach dem Verlassen der Situation deutlich laute Worte vom Platz vor dem Haus.

„Du feiges Stück Scheiße!"
„Ich hoffe das du elendig krepierst ohne mich!"
„Du warst von Anfang an nicht den Dreck unter meinen Fingernägeln wert!"
„Du hässliche Lusche hättest dich schon lange selber wegputzen sollen!"
„Dir mache ich dein wertloses Leben zur Hölle, das schwöre ich dir!"

Diese Worte in dieser unfassbaren Lautstärke zu hören veranlassten mich, das Haus zu verlassen und zum Platz zu laufen. Dort stand ihr Mann, weinend und sich den Arm haltend. Die eben vernommenen Worte stammten aus ihrem Mund, nicht aus seinem. Als er das Grundstück verließ, sagte er unter Tränen zu mir, dass er mir niemals wünsche diese wahre Frau kennenzulernen. Ich stand da und fühlte mich wie in Watte gepackt. Alles dumpf. Alles unwirklich. Unfähig ein Wort zu sagen.
Als der das Grundstück verlassen hatte, brach sie in Tränen

aus und brach auf dem Boden zusammen. Das eben Gehörte und Gesehene stellte einen völligen Widerspruch zu ihrem Verhalten dar. Ich hockte mich stumm neben sie und schaute sie regungslos an. Als sie sich nach einigen Minuten beruhigte, bat ich sie mir die eben dargestellte Situation zu erklären. Unter Tränen erklärte sie mir, dass soeben ihre ganze gesammelte Wut aus ihr herausbrach und sie allen Mut fasste, ihm zu sagen was sie von ihm halte. Durch meine Anwesenheit und ihrem nun vollzogenen Auszug sah sie sich stark genug dies zu tun. Sie hätte so eine Wut gegen ihn empfunden, dass sie ihm deutlich sagen musste, was sie von ihm hielt.

Da er wusste, dass ich mich im Haus befand und jeden Moment zur Situation hinzu kommen könnte, hätte er wohl das weinerliche, verletzte Opfer gespielt.

Dies wäre stets seine Masche gewesen, um von seiner eigentlichen Gesinnung abzulenken und sich anderen gegenüber immer als das Opfer darzustellen. Ihre Worte kamen unter bitteren Tränen und sie rang mehrmals nach Fassung.

Für mich stand außer Frage, dass ihre Erklärung zum eben Gesehenen absolut authentisch ist. Ich gebe zu, das Erlebte beunruhigte mich massiv. Ihre Art und Weise, mir die Situation zu erklären, räumte aber jeden Zweifel aus der Welt. Wirklich jeden.

Fast ein Jahr

Der Erstkontakt zu dieser Frau jährt sich nun bald zum ersten Mal. Auch wenn dieser Kontakt nun schon viele Monate besteht, so hat er doch bisher wenig hervorgebracht, was man eine Beziehung nennen könnte. Die erste Hälfte des Jahres verbrachten wir an dieser Talsperre, wo ich jedes Mal aufs Neue erfuhr, wie schlimm es ihr geht und wie sie sich nichts mehr wünschte, als dort wegzukommen.

Die andere Hälfte des Jahres war angefüllt mit ihrem Umzug, der sich sehr lange hinzog. Alles wurde nur Stück für Stück in die neue Wohnung gebracht. Zwischendurch gab es immer wieder Termine bei ihrem Anwalt betreffs ihrer Scheidung. Bei diesen Terminen war ich jedoch nie zugegen. Sie legte ihre Arbeit so, dass sie den größten Teil auswärtige Termine hatte. Somit konnte sie überwiegend in Hotels schlafen und den Kontakt zum Ehemann weitestgehend meiden. Im Übrigen arbeitete sie im Außendienst. Unser Kontakt gestaltete sich als eine lose Bekanntschaft, die je nach dem Grad ihres Leidens und dem darauf folgenden Bedarf an Trost und Halt an Intensität schwankte.

Es entstand jedoch nach und nach eine Vertrautheit, eine gewisse Freundschaft.

Eines jedoch entstand während der Zeit ebenso: das Interesse an meiner beruflichen Tätigkeit, dem dortigen Verdienst sowie meiner Einstellung zur Arbeit und meinen handwerklichen Fähigkeiten. Und noch etwas nahm deutlich zu: Sie zeigte eine große Schwäche für schöne und teure Dinge.

Kleidung, Schmuck – in erster Linie echter Goldschmuck, übermäßiger Besuch von Friseur, Kosmetikerin und Solarium, sehr häufiges Essen gehen, kostspielige Tagesausflüge. Sie musste nach außen deutlich in der ersten Liga mitspielen. Dieses Verlangen wurde von Monat zu Monat immer stärker. Ich führte kein übertriebenes Leben und hatte bis auf die bis dahin noch eigene kleine Wohnung keine größeren Ausgaben zu tätigen. Dienstlich stand mir ein PKW mit Privatnutzung und Tankkarte zur Verfügung.

Ich hatte mich in meinem Job zu einer leitenden Position entwickelt und war mit dem Vertrieb und der Betreuung vom gesamten Gebiet Ostdeutschlands betraut. Im Monat standen mir zwischen 5.000 und 7.000 Euro Bruttolohn zur Verfügung, je nach Verkaufsergebnis der Region. Ihr Verdienst lag mit ca. 3.500 Euro ebenso über dem Durchschnitt.

Mir machte es nichts aus, ihre kostspieligen Freizeitaktivitäten und Hobbys mitzutragen, da ich ja zunehmend mit dabei war und es somit ja auch zu meinen Gunsten ausfiel. Kurz gesagt: Geld spielte keine Rolle.

Eine Zeit lang hinterfragte ich ihr kostspieliges Leben nicht, sondern nahm es wortlos hin und unterstützte es ohne zu zögern. Es kam aber der Moment, wo ich ihr Verlangen nicht mehr fraglos akzeptierte, sondern sie direkt fragte, wieso sie mehr und mehr dieses finanziell und materiell geprägte Leben lebt. Diese Frage schien sie sehr zu treffen. Kleinlaut und geknickt versuchte sie es mir zu erklären.

Sie fing bitterlich zu weinen an und erklärte mir, dass all die Jahre der Gewalt und Unterdrückung den Wunsch in ihr haben wachsen lassen, auch mal wieder auf eigenen Beinen zu stehen, sich etwas leisten zu können, die schönen Dinge des Lebens genießen zu können.

Sie hat in der Ehe stets auf alles verzichten müssen, konnte nie richtig Frau sein. Auch ihre Kindheit wäre von Ablehnung und fehlender Liebe geprägt gewesen, da sie – wie sie sagte – ein Scheidungskind war und die Mutter nur Augen für den neu gefundenen Mann hatte und sie als Tochter vernachlässigte. Vernachlässigt in allem, fehlende Liebe, fehlende Zuwendung, fehlende materielle Dinge.

In Ihrer Ehe hätte sich dies wiederholt, gepaart mit Unterdrückung und Gewalt. Jetzt hätte sie die Chance all das nachzuholen, was sie sich seit ihrer Kindheit gewünscht hatte. Ich glaubte es ihr.

Ich nahm ihr dieses Geständnis ab – ohne jeden Zweifel. Ein fataler Fehler, wie sich bald zeigen sollte.

Leichtsinn

Ihr Umzug in die neue Wohnung lag nun schon einige Zeit zurück. Über ihren tyrannischen Mann verlor sie seitdem kein Wort mehr. Ich traute mich auch nicht, sie darauf anzusprechen und war selbst sehr froh, dass darüber nicht gesprochen wurde. Auch wenn mir unbewusst klar war, dass hier noch nicht das letzte Wort gefallen war.

Jedoch, sie hatte momentan ihre Ruhe vor den angeblichen Gewaltexzessen und ich dadurch ebenso. So richtig passten ihre Beschreibungen zwar nicht auf den Mann, den ich damals vor dem Haus kennenlernen durfte, aber da sie es immer und immer wieder beteuerte, konnte es wohl nur so gewesen sein.

Der riesige Hund sei beim Mann geblieben und dessen neue Partnerin – welche drei Kinder mit in die neue Beziehung gebracht hätte – wäre wohl auch schon dort eingezogen. Das war alles, was ich wusste. Nicht mehr und nicht weniger. Es stand noch eine offizielle Scheidung im Raum, dessen war ich mir bewusst. Da sie aber seit diesem Zusammentreffen damals vor dem Haus so gut wie nichts mehr über diesen Mann erzählt hatte, hielt auch ich mich mit Fragen zurück.

Unsere Zeit des Zusammenseins wurde immer mehr, und es kam wie es kommen musste – der Lebensmittelpunkt verlagerte sich somit in ihre Wohnung. Ich verbrachte annähernd meine gesamte freie Zeit bei ihr. Es hatte sich über die Zeit eine Art Zweckgemeinschaft gebildet. Eine Bekanntschaft, die zu einer engen Vertrautheit überging und sich gegenseitig Nutzen verschaffte.

Keiner war allein, man hatte immer jemanden zum Plaudern und ich fühlte mich jedes Mal, wenn sie zum Beispiel wieder Halt benötigte mit ihren Gedanken an die frühere schlimme Zeit, als ihr Retter.

Es stellte sich sozusagen ein schleichender Prozess ein, welcher am Ende darin mündete, dass ich meine eigene Wohnung kündigte und auf ihr Drängen hin zu ihr zog. Unbemerkt, so weiß ich es heute, schaffte sie kleine Abhängigkeiten, denen ich widerstandslos verfiel. Mehr und mehr richtete sie alle Aktivitäten darauf aus, dass ich stets Teil davon war. Alles wurde so gestaltet, dass es auch für mich angenehm schien und auch ich einen Nutzen darin sah.

Sah ich zum Beispiel eine Reportage im Fernsehen, wo es um einen Ort ging den ich gerne mal sehen wollte, so konnte man sicher sein, dass sie in naher Zukunft in der Nähe einen Werksverkauf von irgendetwas gefunden hat, was sie unbedingt bräuchte.

Sie musste zum Werksverkauf – ich musste mit, konnte aber im Gegenzug dafür den in der Reportage gesehenen Ort besichtigen.

Sie wollte in einen Wellness-Park, ich bekam im Gegenzug die Möglichkeit die dortige Saunalandschaft zu benutzen, da ich – wie sie wusste – ein großer Saunaliebhaber war.

Dass sie die jeweiligen Ausflüge dann stets mit ausgefallenen Souvenirs abrundete, war selbstverständlich. Sie wollte es ja so gern. Sie hatte das ja alles früher nicht. Sie kannte ja keine schönen Dinge. So trichterte sie es mir immer wieder ein. Jeder ihrer Wünsche wurde kombiniert mit etwas, was mir gefiel. Alles stets spontan – so jedenfalls wirkte es auf mich. Da ich ja nun meine Wohnung aufgegeben hatte und mit ihr zusammenlebte, war es umso einfacher für sie, mich zu studieren – was mir gefiel, was nicht, wie ich tickte. Da sie in langer Kleinarbeit ihre Wohnung eingerichtet hatte und alle Dinge aus ihrem geliebten Haus stammten, benötigten wir nichts von dem, was sich in meiner Wohnung befand. Mit der Aufgabe meiner Wohnung erfolgte zunehmend auch die Aufgabe all meiner persönlichen Dinge. Bis auf ein paar Dokumente und Kleidungsstücke blieb mir am Ende nichts.

Alles andere wurde nicht benötigt, war doppelt vorhanden oder für sie einfach nicht schick genug. Das war zu blau, das zu groß, das erinnere sie zu sehr an dies oder das. Für alles gab es eine für sie schlüssige Erklärung, wieso es den Weg aus meiner Wohnung heraus, nicht aber in ihre hinein fand.

Mein Umzug zu ihr verlief in rasanter Geschwindigkeit. Alle meine Möbel wurden entweder auf dem städtischen Wertstoffhof entsorgt oder – wie zum Beispiel meine Einbauküche – verkauft.

Der Erlös meiner Habseligkeiten kam ihren Wünschen zugute. Kleinere Einrichtungsgegenstände landeten ebenso im Abfall. Dinge die halbwegs nach etwas aussahen oder zumindest einen passablen Verkaufserlös versprachen, wurden verkauft. Auch diese Erlöse wurden eins zu eins in Ihre Wünsche investiert.

Ich muss dazu erwähnen, dass die Einrichtung meiner Wohnung keine drei Jahre auf dem Buckel hatte, somit dementsprechend in einem sehr guten Zustand war. Die erzielten Verkaufserlöse waren im Vergleich zu den Anschaffungskosten Ramschpreise. Aber dadurch ging es schnell. Viel Ware für wenig Geld schafft schnell Abhilfe und schnelles Geld. Keine zwei Wochen hatte es gedauert und mein Leben war, bis auf eine Hand voll privater Dinge, verramscht und verschwunden.

Die privaten Dinge beschränkten sich auf einige Unterlagen wie Zeugnisse, Versicherungsdokumente und dienstlichen Schriftverkehr. Kleidung blieb mir auch einige, jedoch nur das einfachste wie zum Beispiel Unterwäsche oder einfarbige Shirts. Alles andere gefiel ihr an mir nicht und ich könne doch ruhig mal eine modische Frischekur vertragen.

Sich komplett neu einkleiden – warum nicht, dafür gehe man doch arbeiten?

Manchmal, in einem ruhigen Moment, stießen mir meine Gedanken sauer auf. Was lasse ich hier mit mir machen? Nachdem sie in monatelanger Planung ihr Leben von einem zum anderen Ort umgeschichtet hatte und von da an alle ihre angeblich schlimmen Erlebnisse mit Geld und materiellen Dingen betäubte, wurde mein Leben binnen zwei Wochen entsorgt und verschenkt.

Bis auf meine Erinnerungen und ein Schuhkarton voll Dingen blieb nichts mehr übrig. Aber es war für eine gute Sache. Es war für ihren Seelenfrieden. Für das Vergessen der schlimmen Dinge, die sie angeblich erleben musste. Es war für ihren Neuanfang. Also war es gut so.

Sie legte mir dies bei jedem aufkommenden Zweifel eindringlich dar. Gut. Wichtig. Notwendig. Alternativlos. Und hey, was brauchte ich schon? Ich hätte doch jetzt sie. Ich hätte doch das gute Gefühl, ihr Retter zu sein.

Das Wissen, stets etwas Gutes zu tun, sei Lohn und Dank genug. War es das? Ja, das war es – sie ließ es mich zumindest unentwegt glauben. Sie war doch damit so glücklich. Und ich konnte es nicht ertragen, wenn man in meiner Gegenwart unglücklich ist. Sie war doch so glücklich damit. Hegte ich Zweifel und wurden diese laut, so verfiel sie in unendliche Trauer und Angst, weinte bitterlich, versank in Erinnerungen an die damalige Zeit. Die damalige Zeit, welche ja so unsagbar schrecklich war. Jetzt musste alles gut werden. Alles. Es war ihr Wille.

Sie zahle doch dafür

Nun lebten wir schon viele Wochen in ihrer neuen Wohnung. Von meinem alten Leben war nichts mehr übrig geblieben und ich fügte mich in ihres so, wie es ihr gefiel. Solange ich keine Zweifel laut werden ließ oder den von ihr gesagten Dingen keine Widerworte gab, hatte ich meine Ruhe und es ging mir dementsprechend gut. Jeder ging seiner Arbeit nach und die freie Zeit wurde mit Ausflügen, Einkäufen, Umgestaltungen in der Wohnung und Restaurantbesuchen gefüllt.

Meine Freunde, ich hatte damals einen großen Freundeskreis, vermissten zunehmend meine Gesellschaft. Jede Anfrage von ihnen konterte ich mit für mich verständlichen Aussagen, wieso ich keine Zeit hätte.

Die freie Zeit bestimmte ausschließlich sie. Jeder Zweifel oder jedes Widerwort wurde von ihr mit einer tiefen Traurigkeit, Tränenausbrüchen oder – jedoch bisher selten – mit Wutausbrüchen quittiert. Hatte Sie auf einen meiner Zweifel oder Widerworte mit Wut geantwortet, so folgte postwendend darauf eine tränenreiche Entschuldigung von ihr. Sie meine es nicht so und es wäre ihr nur so raus gerutscht.

Es hätte sie an damalige Dinge erinnert und es täte ihr leid.

Ich konnte doch keine weinende Frau ertragen, das wusste sie. Genau so konnte ich es nicht ertragen, wenn sie wegen irgendetwas unglücklich war. Sie hatte doch früher schon so viel Leid erfahren müssen.

Glücklich und zufrieden sollte sie sein, dafür war ich ja da. Viel Unglück bereiteten ihr vor allem die Anforderungen ihres Vermieters. Festgelegte Schließzeiten der Haustüre, festgelegte Zeiten zum Grillen im gemeinsam genutzten Garten, Standards zum Heizen und Lüften, eine selbst zu erledigende Hausreinigung, Parkregeln vor dem Haus, einzuhaltende Ruhezeiten und gegenseitige Rücksichtnahme. Regeln.

Aufgestellt von einer fremden Person. Regeln die ihr vorgaben, wie sie sich wann und wie zu verhalten habe. Eine fremde Person gab ihr vor, wie sie sich in diesem Haus – was der fremden Person gehört – zu verhalten hat. Das machte sie sehr unglücklich. Unglücklich? Wütend trifft es eher.

Sie reagierte mit absolutem Unverständnis, wie man ihr dieses Regelwerk aufdrücken könne. Immerhin sei sie ein eigenständiger Mensch und zahle pünktlich ihre Miete. Genau – sie zahle immerhin Miete. Mit der Entrichtung dieses Entgeltes könne sie doch erwarten, sich auch gewisse Rechte zu erkaufen. In ihren Augen unter anderem das Recht, sich zu benehmen, wie sie es für angemessen hielt.

Die Zahlung der Miete räume ihr das Recht ein, die angemieteten Räume und deren Drumherum wie ihr Eigentum zu benutzen. So sah es jedenfalls ihr Rechtsverständnis. Daran gab es keine Zweifel. Ihre Auffassung zeigte eine Seite an ihr, die mir bis dahin wohl unbemerkt geblieben sein musste. Da ich stets darauf aus war Konflikte mit ihr zu vermeiden, ich sah sie ja so schrecklich ungern, wenn sie unglücklich war, nahm ich ihr Verhalten schweigend in mich auf und nickte ihr bei ihren Ausführungen wohlwollend zu.

Sie hatte doch so viel Schlimmes erlebt. Sie kannte doch keine Liebe. Man müsse das doch verstehen. Durch diese ihr auferlegten Regeln entfachte ein regelrechter Kleinkrieg zwischen ihr und dem Vermieter.

Der Vermieter war ein älterer Herr, wohl um die siebzig Jahre. Ein sich im Ruhestand befindlicher Doktor der Naturwissenschaften, der im selben Haus wohnte.

Ich empfand ihn stets als ruhigen, angenehmen und auf Harmonie und Frieden bedachten Menschen. Seinen Lebensabend verbrachte er mit dem Beobachten der Natur sowie der Honigbienenhaltung. Er vermarktete sogar seinen eigenen Honig. Ein netter alter Herr. Wirklich.

Von seinen Altersrücklagen hätte er sich vor einigen Jahren dieses kleine schicke Häuschen bauen lassen, in dem er lebte und zwei Wohnungen darin vermietete. Nun entfachte sein auf Ordnung, Sauberkeit und ein gutes Miteinander bedachtes Wesen einen Kleinkrieg. Sie demonstrierte deutlich ihre vermeintliche Überlegenheit als Mieterin, denn immerhin bezahle sie ihn ja und hätte somit ein Recht auf Ignoranz seiner Regeln und freundlich gesagten Bitten.

Sie bezahle dafür, zu machen was sie will. Solle sie tun was er will, so müsste er ja sie bezahlen – und nicht sie ihn. Das war ihr immer deutlicher werdendes Grundverständnis von Dingen, die sie bezahlt. Wird für etwas bezahlt, so gehört es uneingeschränkt ihr. Wäre es anders, so müsse man sie bezahlen – dann mache sie auch, was der Zahlende von ihr verlange.

Die Höhe der Bezahlung spielte hier eine nicht unwesentliche Rolle. Doch dazu später. Sie wehrte sich also gegen sämtliche Dinge, die ein gesundes Miteinander in einem Mietverhältnis sichern sollten. Sie machte sich aber hier keinesfalls selber die Arbeit, den Krieg Tag für Tag aufrecht zu erhalten und ihre vermeintlichen Rechte durchzusetzen. Sie besaß ja eine Rechtsschutzversicherung, welche ihr wiederum den Gang zum Fachanwalt finanzierte. Dafür bezahle sie ja schließlich diese Versicherung.

Jedoch besaß auch ihr Vermieter solch eine Versicherung, die ihm den Gang zum Fachanwalt finanzierte. Es entstand somit ein handfester Rechtsstreit, in dem die Rechte und Pflichten einer jeden einzelnen Partei dargelegt werden sollten. Sie bestand felsenfest darauf, dass sie als Mieterin für alles hier bezahle und somit nicht noch Arbeiten erledigen müsse und sich auch nicht an unnütze Regeln halten muss.

Der Vermieter sah dies anders. Nach Unmengen von Schriftverkehr und mehreren Anwalts- und Gerichtsterminen stand die Sachlage unmissverständlich fest: Sie hatte Unrecht. Trotzdem sie für Ihre Wohnung Miete zahle, ist sie verpflichtet für ein gutes Miteinander beizutragen und gewisse Regeln zu befolgen.

Sie kochte vor Wut, als ihr dies bei einem Gütetermin verlesen wurde. Ihren Rechtsanwalt beschimpfte sie folglich als unfähig und das Gericht stellte sie als parteiisch und unfair dar. Sie bezahle für die Wohnung, sie bezahle für die Rechtsschutzversicherung und folglich auch für den Anwalt. Also müsse sie doch Recht bekommen. Sie bezahle doch dafür.

Ihre Welt brach erneut zusammen und in Anbetracht dieser ihr widerfahrenen Ungerechtigkeit stellte sich wieder große Traurigkeit ein. Sie weinte bitterlich, sagte immer wieder, solche Ungerechtigkeit erinnere sie zu sehr an früher. Früher, wo sie angeblich so viel Leid erfahren musste, so wenig Verständnis bekam. Wo alles so schlecht war. Ich konnte das nicht ertragen. Eine weinende und unglückliche Frau. Ich nickte ihr zustimmend zu und gab ihr die Sicherheit, dass ich hinter ihr stehen würde.

Der Anwalt und das Gericht seien alle furchtbar böse und würden ihre Lage gar nicht verstehen.

Erneut belastete sie ihre Rechtsschutzversicherung und suchte sich einen Anwalt, um die Unfähigkeit des ersten Anwaltes zu ahnden. Dadurch hätte sie ja vor Gericht den Kürzeren gezogen.

Dadurch müsste sie nun Hausordnung machen, sich an feste Zeiten bei der Gartennutzung halten, darauf achten dass die Haustüre nachts verschlossen ist, Ruhezeiten einhalten, eine Parkordnung beachten und viele andere unschöne Dinge tun, die in ihren Augen unzumutbar sind. Schließlich bezahle sie ja dafür, dies nicht tun zu müssen. Ein neuer Anwalt war schnell gefunden und der Sachverhalt schnell dargelegt.

Nach eingehender Prüfung der Unterlagen teilte die Anwaltskanzlei mit, dass sie sich zwar stets für die Anliegen der Mandantschaft einsetze, es aber Fälle gäbe wo auf Grund der eindeutigen Rechtslage eine Arbeit unnütz und ohne Aussicht auf Erfolg sei.

Sie solle die Mitteilung entschuldigen, aber in diesem Fall besteht eine klare Rechtslage und eine weitere Verfolgung des Falles würde keinen Erfolg für sie hervorbringen, sondern nur Kosten, die letztendlich die Gesellschaft mit ihren Steuergeldern zu tragen hätte. Sie verstand die Welt nicht mehr.

Ein Dienstleister, so sah sie die Anwaltskanzlei, versagt ihr den Dienst und sagt ihr, dass ihr Anliegen keiner Grundlage folge und keinerlei Aussicht auf Erfolg habe. Es muss etwas erreicht werden. Sie zahle doch dafür.

Und es würden sinnlose Kosten verursacht werden, die der Steuerzahler zu tragen hat? Sie ist doch Steuerzahler, sie zahle doch auch dafür. Es wäre verdammt nochmal ihr Recht, dies alles zu beanspruchen.

Ohnmächtig vor Wut und Unverständnis kontaktierte sie eine weitere Anwaltskanzlei und forderte auch hier eine Deckungszusage bei Ihrer Rechtsschutzversicherung an. Eine Deckungszusage erhielt sie keine, sondern eine Kündigung des Versicherungsverhältnisses seitens der Versicherung. Drei Inanspruchnahmen binnen weniger Wochen, welche auf unsachliche Streitigkeiten abzielten, waren zu viel. Ihre darauf folgende Wut war wohl in der ganzen Stadt zu hören. Sie schrie aus voller Kraft. In ihren Mundwinkeln sammelte sich weißer Belag, so laut schrie sie heraus, wie unfähig alle seien.

„Scheiß Versicherung, wozu gibt es dann diese geldgeilen Wichser eigentlich? Ich zahle doch dafür!"

„Und diese Fotze von Versicherungsvertreterin ist genau so dumm wie diese gesamte Versicherung!"

„Wieso hat mir diese elende Nutte von Vertreterin nie gesagt, dass man gekündigt wird, wenn man die Versicherung mehrmals hintereinander in Anspruch nimmt?"

„Mich kotzt diese ganze Scheiße einfach nur noch an!"

„Dieser unfähige Schlappschwanz von Anwalt!"

Sie tobte. Ich stand sprachlos daneben und folgte ihren Ausführungen regungslos. Ihr Anfall endete in bitterlichen Weinen. Sie will doch glücklich sein. Sie will doch verstanden werden. Sie will es doch so sehr.

Umbruch

Das Scheitern gegen ihren Vermieter quittierte Sie damit, dass sie das Mietverhältnis kündigte und mich beauftragte, eine neue Wohnung zu suchen. Sie hätte es sowieso satt in diesem kleinen Loch hier hausen zu müssen, da sie durch das Haus damals wesentlich Besseres gewohnt war.

Die jetzige Wohnung war eine sonnige, fünfundsechzig Quadratmeter große Wohnung am Stadtrand in einem Haus, welches erst vor wenigen Jahren gebaut wurde. Mit Fußbodenheizung, Solaranlage, Dusche, Badewanne, Garten, elektrischen Außenjalousien und vielen weiteren modernen Elementen.

Ein wirkliches Loch. Man frage sich wie sie es dort so lang ausgehalten hat. Ich lebte ja auch dort, fühlte mich in der Wohnung wohl, aber ich kannte ja auch nicht das Übermaß, in welchem sie damals lebte. Damals, als es ihr so furchtbar erging. Zumindest ihre Wohnsituation musste besser gewesen sein als die jetzige.

Da sie durch die erfahrene Ungerechtigkeit keinen Kopf frei hatte, sich um eine neue Wohnung zu kümmern, musste ich dies tun. Ihre Bedingungen waren klar und unmissverständlich.

Mindestens einhundert Quadratmeter, Balkon oder Terrasse, Garage, mit Hausmeister- und Hausreinigungsservice und Fahrstuhl, sofern die Wohnung in einem oberen Geschoss liegen würde. Also einfache Basics.

Wie es der Zufall wollte, hatte ich eine Bekannte die für eine größere Hausverwaltung arbeitete. Und wie es der Zufall wollte, hatte sie eine passende Wohnung im Angebot, und zwar eine einhundertzwanzig Quadratmeter große Maisonette-Wohnung in einer sehr guten Wohnlage am äußeren Stadtgebiet.

Ein Besichtigungstermin war schnell vereinbart. Die Wohnung hatte alle Vorzüge, die sie sich wünschte. Dritte Etage, Fahrstuhl, beide Etagen der Maisonette-Wohnung hatten einen Balkon, es gab eine Tiefgarage und ein Hausmeister kümmerte sich um alles.

Perfekt. Und für 850 Euro Warmmiete wirklich erschwinglich, wie sie sagte. Der Umzug war schnell organisiert. Da sie sich durch all den Streit mit dem jetzigen Vermieter müde und fertig fühlte, sollte ich eine Umzugsfirma mit dem Umzug beauftragen.

Nun zeigte sich aber ein Umstand, der vor wenigen Wochen noch nicht als wichtig erachtet wurde, nämlich dass eine Wohnung von einhundertzwanzig Quadratmetern Wohnfläche etwas mehr Einrichtungsgegenstände und Möbel benötigt, als eine fünfundsechzig Quadratmeter große Wohnung.

Während also das Umzugsunternehmen mit dem Umzug beschäftigt war, fuhren wir zu diversen Möbelhäusern und füllten den neu entstandenen Raum mit Zukäufen an Möbeln und diversen Einrichtungsgegenständen auf. Da Geld weiterhin keine Rolle spielte und sie klare Vorstellungen hatte, war dies sehr schnell erledigt. Gekauft wurde, was ihr gefiel.

Sie ging durch das Möbelhaus wie mit einem Zauberstab. Alles was sie mit dem Stab berührte, gehörte ab sofort ihr. Einzige Voraussetzung war, dass die Möbel sofort und ab Lager lieferbar sein mussten, denn ein Warten kam nicht in Frage. Schließlich bezahle sie ja dafür, also will sie es auch sofort haben.

An Ihrer Seite lief eine Möbelhausmitarbeiterin, die eifrig alles auf einem Block notierte und bei jeder neuen Notiz ihre Provision im Kopf überschlug. Wer von den beiden den glücklicheren Gesichtsausdruck hatte, war schwer zu sagen. Ich lief hinterher und tippte unbemerkt die Beträge in den Taschenrechner meines Handys, um so wenigstens halbwegs eine Übersicht zu haben, was dieser Ausflug kostete. Da sie immer mehr schöne Dinge sah, die sie unbedingt haben musste, aber sie ja auch schon einiges an Einrichtung und

Möbeln in der jetzigen Wohnung stehen hatte, rief sie direkt im Möbelhaus das Umzugsunternehmen an.

Sie teilte denen am Telefon mit, welche Dinge transportiert werden mussten und welche kurzfristig zur Entsorgung mitgenommen werden konnten. Ich hatte Zweifel ob dies alles richtig war, traute mich aber keinen Ton zu sagen. Sie war doch so glücklich. Sie wollte es so gern. Sie hatte das früher ja alles nicht. Immerhin bezahle sie ja dafür, immerhin bezahlen wir ja dafür. Ich konnte doch keine unglückliche Frau sehen.

Die Einkaufstour durch das Möbelhaus dauerte ungefähr vier Stunden. Damals hatte sie Wochen benötigt, um zu entscheiden was sie mit in ihre neue Wohnung nehmen würde. Der Inhalt meiner Wohnung hingegen war binnen vierzehn Tagen aufgelöst, verschenkt, verkauft und entsorgt.

Die neue Einrichtung der jetzigen Wohnung war innerhalb von vier Stunden erledigt. Eine irrsinnige Steigerung. Aber sie hatte ja Leute dafür bezahlt. Das Umzugsunternehmen und das Möbelhaus. Alle bekamen sie Geld, damit es schnell ging.

Ihre Wünsche mussten schnell umgesetzt werden. Nicht nur schnell, sondern sofort. Und mit Geld bekommt man sofort, was man will. Wenn nicht, so muss man nur noch mehr Geld in die Hand nehmen, dann geht es gewiss sofort.

Nach der Einkaufstour fuhren wir zur neuen Wohnung und sie machte sich einen Überblick wie weit der Umzug fortgeschritten war.

Die telefonisch zur Entsorgung freigegebenen Möbel waren bereits verschwunden und in der neuen Wohnung standen Kisten mit ihren privaten Dingen sowie ein paar übrig gebliebene Möbelstücke.

Die eben erstandenen Dinge sollten schon morgen angeliefert werden. Da das ganze Koordinieren sowie der Einkaufsrausch ihr viel an Kraft abverlangt hatten, nahm sie sich kurzerhand von der Arbeit frei und entschied, dass wir die Tage bis zum Einzug spontan wegfahren, um dem Stress zu entfliehen.

Das auch ich dies erst mit meinem Arbeitgeber abklären musste, traf bei ihr auf wenig Verständnis. Ich sei doch ein leitender Angestellter mit Personalverantwortung und könne mir doch somit erlauben, zu kommen und zu gehen wie ich es wolle. So sah es jedenfalls ihr Verständnis.

Da ich ihr keine Widerworte geben wollte, stimmte ich ihrer Annahme zu und gab an, dass es auf die paar Tage nicht darauf ankäme und ich das schon irgendwie klären werde. Ihrer spontanen Auszeit sollte jedenfalls nichts im Wege stehen.

Das Umzugsunternehmen und der Hausmeister hatten den Wohnungsschlüssel und zeitlich uneingeschränkten Zugang zur Wohnung. Es lag eine detaillierte Skizze vor, auf der erkennbar war, wo welche Möbel zu stehen haben. Und außerdem wurden die Leute ja dafür bezahlt. Das war das Wichtigste: Sie würden bezahlt und werden schon allein deswegen alles so machen, wie sie es will.

Schnell buchte sie über ein Hotelportal ein Hotel für drei Nächte und zeigte mir freudig ihr gewünschtes Ausflugsziel. Es ging an den Rhein. Dort wollte sie doch schon immer mal hin. Schnell waren die wichtigsten Sachen gepackt. Sollte etwas fehlen wäre das nicht schlimm, man könne es ja dort kaufen.

Der Ausflug

Wir fuhren also an den Rhein. Während sich andere um den Umzug kümmerten, wollte sie sich von den schlimmen Strapazen der letzten Wochen ausruhen. Das Recht stehe ihr zu. Ich machte alles ohne Widerworte mit.

Am Urlaubsort angekommen erwartete uns das Hotel, welches sie kurzfristig im Internet gebucht hatte. Ein typisches Hotel für die dortige Gegend. Bürgerlich mit dem Flair der 1970er Jahre. Da sie dienstlich viel in Hotels verbrachte, hatte sie über die Jahre auch einen gewissen Anspruch an das jeweilige Hotel entwickelt.

Wie auch immer dieser Anspruch aussah, das hier vorgefundene Hotel entsprach diesem nicht. Spätestens nach dem Betreten des Zimmers wurden ihre Erwartungen gänzlich erschüttert. Alles war furchtbar. Die Vorhänge, die Bettbezüge, die Holzmöbel, das braun gefliese Bad, der Duschvorhang, das beige Waschbecken, der in ihren Augen viel zu alte und zu kleine Fernseher, der Blütenstaub auf den Möbeln. Alles unzumutbar. Sofort rief sie über das Zimmertelefon eine zuständige Person. Sie zählte und zeigte alles auf, was ihr missfiel und betitelte dies dementsprechend. Alt, abgelebt, asozial, unzumutbar. Ich hatte die Situation mittlerweile verlassen und wartete vor dem Hotel auf sie. Mir war ihr Auftreten unfassbar peinlich. Ich fand es nicht alt, abgelebt, asozial und unzumutbar. Ich fand es sauber und gemütlich. Ein altes Haus, aber eben sauber und mit typischen Flair. Das Fenster des Zimmers, welches für uns reserviert war, stand leicht offen. Man konnte somit auf dem Hof vor dem Hotel deutlich hören, was in diesem Zimmer gesprochen wurde. In diesem Zimmer wurde nicht gesprochen, in diesem Zimmer wurde mittlerweile lautstark gebrüllt. Sie brüllte.

„Ihr scheiß Wessis denkt doch auch, mit uns kann man es machen!"
„Für diese Absteige auch noch Geld zu verlangen!"
„So etwas eklig Asoziales habe ich noch nie gesehen wie diese Dreckbude hier!"
„Ich wundere mich, wieso dieses Loch noch nicht pleite ist!"

Nach einigen Minuten erschien sie vor dem Hotel, brüllte noch ein lautstarkes *„ekelhaft!"* ins Haus und kam schnellen Schrittes auf mich zu. Ich schaute sie ängstlich an und fragte sie, was das denn eben gewesen sei. Diese Frage hätte ich lieber sein lassen sollen. Sie brüllte mich an, was ich Nichtsnutz mir traue zu fragen, was das eben war. Ich wisse es doch am besten. Ich hätte sie in dieser unangenehmen Situation allein gelassen.

„Du feige Sau hast mich doch in diesem Dreckloch alleine gelassen!"
„Du Lusche warst doch zu feige, Stellung zu beziehen und mich zu unterstützen!"
„Was bist du nur für ein Schwächling von Mann, eine Frau nicht in ihrem berechtigten Unmut zu unterstützen!"
„Wie ein Häufchen Scheiße standest du vor dem Hotel und hast getan als gehöre ich nicht zu dir!"
„Wäre es nicht selbstverständlich gewesen, mich in meiner Meinung zu bekräftigen??!"

Ich zeigte keine Regung auf ihr Anschreien. Ich ertrug es still und sagte kein Wort darauf. Sie stand nur wenige Zentimeter vor mir und schrie mir diese Worte lautstark ins Gesicht. Immer wieder spuckte sie mir beim Schreien ihren Speichel ins Gesicht. Ihre Mundwinkel füllten sich wieder mit weißem Belag. Ich stand da wie versteinert. Diese Situation erschien mir völlig unwirklich. Tat sie das gerade eben wirklich? Träumte ich das alles? Bildete ich es mir ein? Ihre Schreie wurden durch mein Nachdenken immer dumpfer.

Eine saftig sitzende Ohrfeige sagte mir unmissverständlich, dass ich mir das alles weder einbildete noch, dass ich träumte. Nachdem sie mit ihren Ausführungen fertig war und ich keinerlei Regung darauf zeigte, quittierte sie dies mit einer Ohrfeige, die es in sich hatte.

Sie traf mich am Ohr und ich hatte kurzzeitig zu tun, das Gehör wiederzufinden. Mit dem Verpassen dieser Ohrfeige verstummte sie auch. Sie wendete sich von mir ab und stieg wortlos ins Auto. Ich stand noch einige Momente da, rieb mir das Gesicht und das Ohr und suchte nach einer Erklärung für diese Situation. Als ich dann zu ihr ins Auto stieg, saß sie auf dem Beifahrersitz und weinte bitterlich. Sie wusste nicht, was in sie gefahren sei. Sie hatte sich nach all dem Stress doch so auf eine schöne Auszeit gefreut.

Sie wünschte es sich doch so sehr. Sie wollte doch so gerne glücklich sein. Sie wollte das alles nicht und es täte ihr im Herzen leid, was sie eben gesagt und getan hätte. Sie weinte bitterlich und bat um Entschuldigung. Ich nahm sie in den Arm und sagte es sei alles gut und es sei okay, dass sie eben die Nerven verloren hätte. Ich könne sie verstehen. Sie hat sich doch so sehr auf diese Auszeit gefreut. Sie kannte doch nur fehlende Liebe und Gewalt. Ich würde sie verstehen und ihr verzeihen. Ihre Tränen waren schnell versiegt und ihre

Freude auf eine schöne Auszeit wieder ungebrochen vorhanden.

Schnell hatte sie über das Hotelportal ein neues Hotel gefunden und wir fuhren zur angegebenen Adresse. Den Vorschlag von mir, sie solle doch vorher anrufen ob auch ein Zimmer frei wäre, ignorierte sie wortlos. Nach einer dreiviertel Stunde Fahrt erreichten wir das neu herausgesuchte Hotel. Diesmal ein etwas größeres Haus, erst neu erbaut.

Der Parkplatz vor dem Hotel wirkte erschreckend voll und in mir kamen Zweifel auf, ob wir hier überhaupt ein freies Zimmer bekommen würden. Wir betraten gemeinsam das Foyer und stellten uns wartend an die Anmeldung. Ein sehr freundlicher Herr begrüßte uns und fragte nach unserem Anliegen.

Sie antwortete ihm, dass wir gerne ein Zimmer für zwei Personen und für drei Nächte möchten. Bedauerlicherweise, erwiderte er, fände in dieser Woche die Jahrestagung einer großen Drogeriekette im Hause statt. Sie wären leider restlos ausgebucht. Jedoch gäbe es noch eine Dreizimmer-Suite im Haus. Diese könne er uns gerne anbieten, er wisse aber nicht ob unser Budget dies erlauben würde, immerhin kostete die Übernachtung in diese Suite und zu dieser Zeit 315 Euro pro Nacht.

Während ich den eben genannten Betrag mit drei multiplizierte und mit Schrecken auf 945 Euro kam, sagte sie übertrieben freundlich, dass dies absolut kein Problem sei und wir froh seien, dieses Angebot von ihm bekommen zu haben. Ich wurde weder gefragt, noch gab es die Chance kurz über diesen Betrag zu reden. Sie hatte sich diese Auszeit doch so schön vorgestellt. Natürlich buchten wir diese Suite. Und was sind schon tausend Euro, bringt es ihr doch eine glückliche Zeit.

Wir gingen doch arbeiten, wir hatten doch das Geld. Wir räumten beide unsere Taschen aus dem Auto und bezogen die eben angemietete Suite.

Diese schien ganz ihren Vorstellungen zu entsprechen. Drei Zimmer, Whirlpool, Dachterrasse, Wasserbett. Alles neu. Was sind da schon tausend Euro für dieses tolle Ambiente. Der noch vor einer Stunde stattgefundene Ausrutscher war längst vergessen und sie sah wieder sehr glücklich aus.

Dieser ganze Stress machte hungrig, sagte sie. Im hoteleigenen Restaurant war leider kein Platz zu finden, und somit fuhren wir in die Stadt und suchten eine für sie angemessene Gaststube. Ich hielt mich hier berechtigt zurück, denn ich erinnerte mich an meine vergangenen Tipps zum Thema Restaurant.

Sie hatte hier völlig andere Vorstellungen als ich. Und da ich jedem Streit versuchte aus dem Weg zu gehen, richtete ich mich hier voll nach ihr. Ich fand in jedem Restaurant etwas, was mir schmecken würde, sie wiederum nicht.

Somit stand bei jedem Besuch eines Gasthauses fest, wie dieses auszusehen hat. Verhältnismäßig schnell fanden wir ein Restaurant, welches ihr auf Anhieb zusagte. Gut bürgerlich, mit schönem Garten, die Hauptgerichte um die 35 bis 40 Euro. Dies erschien ihr angemessen für die heute schon erlebten Strapazen. Sie war glücklich. Man bezahlte ja dafür.

Eine neue Frau

In den letzten Monaten hatte sich diese Frau zu einer Person entwickelt, die ich nicht mal im Ansatz wiedererkannte. Immer öfter kam mir der Satz ihres Ehemannes in den Kopf als er sagte, er hoffe dass ich niemals diese wahre Frau kennenlerne.

Hat sie sich zu dieser Person entwickelt, vor der er warnte? War sie schon immer diese Person und hatte sie sich all die Monate nur verstellt?

Ich zweifelte an meiner Menschenkenntnis. Ich zweifelte an mir. Ich zweifelte an dieser ganzen Begegnung, an ihren Aussagen, an ihrer herzerweichenden Geschichte, an der geschlagenen und misshandelten Frau. Ich stellte alles in Zweifel. Ich zweifelte an ihr, da sie zum Beispiel ihr Büro – trotzdem wir zusammen lebten – stets verschlossen hielt und den Schlüssel auch immer bei sich trug.

Ich stellte diese Eigenart von ihr nie in Frage, nahm es immer wortlos hin, ohne dem eine besondere Bedeutung zuzurechnen. Die in den letzten Wochen und Monaten zunehmenden Ausraster von ihr unterstrichen meine Zweifel umso mehr. Zu diesem Zeitpunkt hatte ich noch diese Zweifel, die ich auch klar vor mir sah. Ich erkannte ihr Verhalten und ihre Entwicklung als falsch und äußerst bedenklich. Ich war mir dessen bewusst, traute mich aber nicht dies anzusprechen.

Was, wenn sie wirklich all diese Gewalt und fehlende Liebe erfahren hätte? Dann würde ich ihr zu Unrecht misstrauen. Was aber, wenn ihr Ehemann die Wahrheit sagte? Was, wenn ich wirklich mit offenen Armen ins Verderben rannte und es nur eine Frage der Zeit wäre, bis ich die von ihm angedrohte „wahre Frau" kennenlerne? Wem sollte ich glauben?

Ihr, ihm, meinem Gewissen und meinem Gefühl? Ich war völlig verblendet von all den Eindrücken.

Bei all dem Nachdenken kam auch immer mehr die Frage in mir auf, was sie denn in ihrem Büro versteckt hielt, denn dieses war stets verschlossen. Gerade war ich allein zuhause, denn sie war bis morgen noch zu einem beruflichen Seminar im hohen Norden. Ich betätigte die Türklinke ihre Büros. Verschlossen. Ganz klar.

Etwas anderes hatte ich nicht vermutet. Meine Zweifel gepaart mit Neugier wollten wissen, was man in diesem Büro vorfindet. Es war eine normale Zimmertür, kein Sicherheitsschloss. Ein einfacher Zimmerschlüssel würde mir Zugang verschaffen.

Den passenden Schlüssel hatte sie dabei, der half mir also

nicht. Unsere aus zwei Etagen bestehende Wohnung hatte insgesamt acht Türen mit acht Schlüsseln, sieben davon befanden sich in der Wohnung. Vielleicht passte ja einer der anderen? Ich lief durch die Wohnung und zog alle Schlüssel an den Zimmertüren ab. Jeden einzelnen probierte ich an ihrer Bürotür. Tatsächlich! – nach dem vierten Versuch klappte es.

Welcher Schlüssel dies war wusste ich nicht, ich hatte alle Schlüssel eingesammelt und mir nicht gemerkt welcher wo steckte. Egal. Dieser eine passte. Ich betrat ihr Büro und konnte auf den ersten Blick nichts erkennen, was nach etwas Geheimen aussah.

Ihr Laptop, ein Drucker, eine ganze Reihe Akten, viele Kartons mit Werbematerial von ihrem Arbeitgeber, verschiedene Kundenmappen sowie ein Schreibtisch und zwei Regale, mehr konnte ich nicht erkennen. Ich setzte mich an den Schreibtisch und schaltete den Laptop in dem Wissen an, dass ich sowieso nur bis zu Passwortabfrage kommen würde. Es erschien keine Passwortabfrage. Sollte sie wirklich so leichtsinnig gewesen sein und ihren Laptop nicht mit einem Passwort schützen? Anscheinend schon. Erste Zweifel kamen auf. Ist das richtig, was ich hier tue? Ich hintergehe sie. Spioniere ihr nach. Misstraue ihr. Einen Moment lang wollte ich den Laptop wieder ausschalten, das Zimmer wieder verschließen und meinen Plan, nämlich herausfinden was sie hier heimlich tun würde, aufgeben.

Diese Zweifel wurden vom Satz des Ehemannes überspielt. Er sagte mir diesen Satz unter Tränen, dass er sich wünschte, dass ich nie diese wahre Frau kennenlerne. Diesen Augenblick damals auf dem Platz vor dem Haus vergesse ich nie. Ich kannte ihren Mann nur aus ihren Erzählungen.

Sie beschrieb ihn als einen gewalttätigen Tyrannen. Sein Satz jedoch prägte sich sein. Dieser Satz war ehrlich.

Auf dem Bildschirm ihres Laptops fanden sich diverse Dateien und Ordner. Ich hatte Zeit bis morgen all diese Ordner anzuschauen.

Es fand sich allerlei Dienstliches auf dem Laptop. Jedoch fanden sich auch Ordner mit unfassbar viel Schriftverkehr. Ein Ordner enthielt Kopien von eMails und deren Anhänge. Dieser Ordner weckte meine Neugier besonders. Und es sollte sich bewahrheiten, dass meine Neugierde berechtigt war.

Ich fand in diesem Ordner sehr viel Schriftverkehr zwischen ihr und einem Rechtsanwalt. Ein Fachanwalt für sämtliche Dinge, die mit einer Scheidung einhergehen, insbesondere den finanziellen Dingen. Sie befand sich seit längerer Zeit in einem Rechtsstreit mit ihrem Ehemann, der er ja noch immer war.

Er forderte viel Geld von ihr zurück. Geld welches er in das gemeinsame Haus eingebracht hätte. Geld zu dem sie ihn zwang, es einzubringen. Sie zwang ihn in den Jahren der Ehe dazu, verschiedene Versicherungen und Vorsorgeverträge zu kündigen und sie als Begünstigte bei der Auszahlung zu nennen. Sie zwang ihn dazu, dass er ihr alle finanziellen Mittel allein überließ.

Er musste während der Ehe seine kompletten Lohnzahlungen auf ihr Konto fließen lassen. Er musste ihr alleinige Vollmacht über Verträge, Konten und sämtliche finanzielle Dinge geben. Sie hatte vollumfänglich den alleinigen Zugriff auf seine Finanzen.

Der Schriftverkehr war erschütternd. Er bzw. sein Anwalt forderte ungeheure Summen Geld von ihr. Geld, welches er nachweislich in die Ehe und in das Haus eingebracht hatte. Zur Eheschließung hatten sie keinen gesonderten Ehevertrag aufgesetzt. Das konnte ich aus dem Schriftverkehr und den abgespeicherten Unterlagen erkennen.

Sie versuchte seit langer Zeit mit allen Mitteln, ihn zu einem nachträglichen Ehevertrag zu bewegen, damit sie seine hohen Forderungen nicht begleichen müsste. Ebenso deutlich zu erkennen war, dass er etwas hatte, womit er sie unter Druck setzen konnte. Er würde jahrelange Aufzeichnungen besitzen, die beweisen, dass er Opfer von massiver häuslicher Gewalt und Misshandlung von ihr war.

Mit der Veröffentlichung dieser Beweise, so gab er an, würden ihr strafrechtliche Konsequenzen drohen.

Der Schriftverkehr deutete auch deutlich darauf hin, dass sie zwar Respekt und Angst vor seinen Drohungen hatte – ihn aber auch versuchte einzuschüchtern und ihm immer wieder mitteilte, dass seine angeblichen Beweise viel zu alt seien und er damit nirgends Gehör finden würde. Diese Vorwürfe liefen privat zwischen den beiden ab. Hier gab es keine Korrespondenz mit einem Anwalt.

Sie gab sich ihm gegenüber zwar als überlegen, jedoch stimmte sie ihrem Anwalt kleinlaut zu, dass sie um viele der Forderungen nicht herum käme. Seine Forderungen wären berechtigt und sie müsse wohl in den sauren Apfel beißen und diese begleichen. Sie tat dies widerwillig.

Jedoch war deutlich zu erkennen, dass sie Angst hatte, er könne seine Drohungen wahr werden lassen und sie der häuslichen Gewalt überführen und bloßstellen. Er forderte einen Großteil seines eingebrachten Geldes zurück – eine Summe von reichlich 35.000 Euro – und drohte gleichzeitig an, sie der Gewaltausübung schuldig sprechen zu lassen, wenn sie sich dagegen wehre. Aus all dem Schriftverkehr mit ihm war auch herauszulesen, dass sie das Haus verlassen hatte, um ihn weiter darin wohnen zu lassen. Alles unter der Voraussetzung, dass er auf seine Forderungen verzichten würde. Anfangs schien er auch darauf einzugehen.

Auf zunehmendes Drängen seiner neuen Lebensgefährtin erkannte er aber, dass er sich so leicht nicht ruhig stellen lassen solle. Er wolle das Haus verlassen und das ihm zustehende Geld bezahlt bekommen. Sie versuchte weiterhin, ihm dies auszureden.

Der gesamte Schriftverkehr war eine einzige Tragödie. Hier brannte ein handfester Scheidungskrieg, welcher pikante Details ans Tageslicht förderte. Das für mich wichtigste Detail war, dass ich es hier keinesfalls mit einer verletzten, schwachen und unschuldigen Frau zu tun hatte, sondern mit einer eiskalten Frau, die – um an Geld zu kommen – über Leichen gehen würde und ging.

Dennoch passte ihre Lebensgestaltung nicht zu dem, was sie hier eindeutig erwarten würde. Sie lebte im Übermaß, warf mit ihrem und meinem Geld um sich, als würde sie es selbst drucken.

Es war laut diesem Schriftverkehr nur noch eine Frage der Zeit, bis sie seine Forderung von reichlich 35.000 Euro begleichen müsste und das Haus wieder vollständig zu ihren Lasten fallen würde. Momentan besteht noch eine stillschweigende

Abmachung zwischen den beiden. Er bewohnt das Haus mit seiner neuen Lebensgefährtin und deren Kinder.

Er zahlt die monatlichen Belastungen und laufenden Kosten und hätte im Gegenzug dafür seine Ruhe vor ihr. Das Haus gehört dennoch ihr allein.

Dass sie keinen netten Zweck mit dem Überlassen verfolgte, war ihm und seiner neuen Lebensgefährtin bewusst. Dass er irgendwann und vor allem unverhofft auf der Straße sitzen würde, war ebenso sicher wie das Amen in der Kirche. Somit stand fest: er wollte sein Geld. Bald.

Und er wollte nicht mehr unter dem Deckmantel der einvernehmlichen Überlassung für ihre Immobilie zahlen. All dieser Dinge war sie sich bewusst. Dennoch lebte sie auf sehr großem Fuß. Das passte alles nicht zusammen. Es sei denn, sie war sich einer neuen Geldquelle so dermaßen sicher, dass sie das alles auf die leichte Schulter nehmen konnte. Eine neue sichere Geldquelle. Mir wurde augenblicklich schlecht – diese hatte sie bereits.

Als sie von ihrem Seminar zurückkam, ließ ich mir nichts anmerken. Es fiel mir schwer unter Anbetracht der Umstände, aber ich durfte mir um Gottes Willen nichts anmerken lassen.

So erschütternd die gesehenen Dinge auch für mich waren, wenn sie herausbekam das ich ihren Schriftverkehr studiert hatte, wäre ich geliefert. Ich hatte rein sachlich gesehen nur zwei Möglichkeiten.

Entweder ich würde sie bei Nacht und Nebel verlassen und so weit wie möglich weglaufen, oder ich würde sie mit den Tatsachen konfrontieren und ihre Reaktion abwarten. Theoretisch gab es noch eine dritte Möglichkeit. Ich könnte so tun als wäre nie etwas gewesen und so weitermachen wie bisher.

Diese Möglichkeit wäre die mit dem geringsten Stressfaktor gewesen, würde ihr aber weiter die Bahn ebnen, mich tiefer in ihre Machenschaften hineinzuziehen. Jedoch, wie tief wollte sie mich noch mit hineinziehen? Rein sachlich betrachtet steckte ich schon bis zum Hals in ihrer Falle. Dies wurde mir bei meinem Ausflug in ihr Büro bewusst.

Ich hatte mein komplettes Leben ihrem angepasst, all meine persönlichen Dinge wurden von dieser Welt verbannt, ich befand mich in räumlicher und materieller Abhängigkeit von ihr und hatte über die Wochen und Monate fast meine kompletten Ersparnisse für sie aufgebraucht.

Ihr Gehalt reichte zum Leben, meine Ersparnisse wurden für die ausfallenden Extras verwendet.

Mein laufendes Gehalt wurde für die immer wiederkehrenden Luxusbedürfnisse verwendet. Allein der Umzug in die riesige Maisonette-Wohnung hatte an die 11.000 Euro verschlungen. Die Wohnung wurde fast komplett neu möbliert, inklusive einer neuen Einbauküche.

Diese Küche erfüllte aber lediglich einen dekorativen Zweck, denn bei ihr stand fast täglich der Gang in ein Restaurant auf dem Plan. Da war dann noch die Umzugsfirma und der Aufbauservice des Möbelhauses sowie der Kurzurlaub, der allein gute 1.000 Euro nur für die Unterkunft verschlungen hatte. Ihre Souvenirs, die aus Kleidung, Schuhen, zwei goldenen Halsketten und einem iPod bestanden, und die täglichen Restaurantbesuche während dieses Ausflugs schlugen hier auch in der Summe mit reichlich 4.000 Euro zu Buche.

In wenigen Wochen wurden somit um die 15.000 Euro ausgegeben. Regelrecht verbrannt kann man sagen. Die wöchentlichen Lebenskosten summierten sich auch auf circa 500 Euro.

Tägliche Auswärtsessen, ihre Solarienbesuche, Friseur, Kosmetik, kleine Imbisse zwischendurch. Dieser Betrag konnte aber gut und gerne um das Doppelte überschritten werden. Denn sah sie etwas besonders Schönes oder etwas besonders dringend Benötigtes, wurde dies ohne Zögern und Rücksprache gekauft. Die Wohnung kostete ebenso jeden Monat 850 Euro.

Dazu kam noch der Abschlag für Strom in Höhe von 80 Euro pro Monat, was die Kosten für die Wohnung auf 930 Euro pro Monat steigen ließ.

Es mussten also monatliche Kosten in Höhe von reichlich 3.000 Euro aufgebracht werden. Damit waren die Wohnung, der Strom und die wöchentlichen Ausgaben gedeckt. Theoretisch. Praktisch konnte man zu diesem Betrag noch reichlich 1.500 Euro pro Monat dazurechnen, denn regelmäßige Anschaffungen gehörten dazu. Seien es ein neuer Fernseher, Mobiltelefone, Kleidung und Schuhe, Schmuck und vieles mehr.

Sie schaffte Dinge an, erfreute sich kurze Zeit an ihnen und verlor schnell den Reiz und das Interesse daran. Nichts hatte Bestand. Private Ausgaben wie Versicherungsbeiträge und dergleichen kamen ebenso dazu. Glücklicherweise hatten wir beide jeweils einen Dienstwagen inklusive Privatnutzung und Tankkarte. Kosten für zwei PKWs sowie deren Unterhalt wären unter diesen Umständen nicht machbar gewesen. Unsere Gehälter konnten diese monatlichen Kosten gerade so decken.

Zusammen brachten wir es monatlich auf reichlich 5.000 bis

6.000 Euro netto. Ihr Gehalt war fest und meins schwankte monatlich um bis zu 1.000 Euro netto, da ich an den monatlichen Umsätzen mit einer Provision beteiligt wurde. Dieses Geld wurde jeden Monat aufgebraucht.

Einen Leichtsinn, eine wirklich riesige Dummheit habe ich bisher verschwiegen zu nennen: Seit dem Umzug in die gemeinsame Wohnung hatte ich kein eigenes Konto mehr.

Sie legte damals schlüssig dar, wieso ich kein eigenes Konto mehr benötigen würde. Man spare Gebühren, es wäre alles viel übersichtlicher, Einnahmen und Ausgaben wären zusammengefasst auf einem Konto ersichtlich und, was ihr besonders wichtig war, dies würde wohl eine angeblich höhere Bonität bei der kontoführenden Bank bewirken. Somit errichtete sie ein Gemeinschaftskonto bei ihrer Bank und ab diesem Moment wurde mein Gehalt auch auf dieses Konto überwiesen.

Meine Ersparnisse, welche ich ganz altmodisch auf einem Sparbuch und einem Tagesgeldkonto deponierte, wurden kurzerhand auch auf sie übertragen. Ich stimmte dem zu, klang es doch für mich alles schlüssig und wir würden ja nun sowieso gemeinsam wirtschaften.

Ihr Wunsch nach Glück gepaart mit den immer wiederkehrenden Ausführungen ihrer erlebten Dinge machten mich simpel gesagt schwach. Ich konnte sie einfach nicht unglücklich sehen. Sie wünschte es sich doch so sehr, dieses Glück. Diese Unabhängigkeit. Diesen Besitz. Diese Ersatzbefriedigung in Form von materiellen Dingen und Geld. Sie hatte das doch früher alles nicht.

Wirklich Zugang auf dieses Konto hatte ich nicht. Wenn ich etwas benötigte, stellte sie unzählige Fragen wofür, ob es wirklich notwendig war, ob ich es denn wirklich brauche und ob man das nicht auch bei den Kleinanzeigen kaufen könne.

Ich bekam jede Woche eine Art Taschengeld, das ich zur freien Verfügung hatte. Meist war dies um die 50 Euro. Das Schlimmste war, dass es mich eine Zeit lang nicht störte. Ich bemerkte diesen schleichenden Prozess der Abhängigkeit lange nicht.

Erst jetzt, als ich diese Dinge auf ihrem Laptop gelesen hatte, war mir schlagartig klar, dass ich bis zum Hals in der Scheiße stecke. Was würde passieren, wenn ich sie auf das Gelesene anspräche? Die Option des Weglaufens war in Anbetracht der Lage nicht gegeben. Ich befand mich nicht nur in materieller und räumlicher, sondern auch in finanzieller Abhängigkeit zu ihr.

Würde ich weglaufen, stünde ich ohne eine Grundlage vor

dem Nichts. So sagte es mir jedenfalls mein damaliges Verständnis. Wenn ich versuchen würde, sie zur Rede zu stellen oder anfing darüber nachzudenken, war meine Angst vor einer drohenden Eskalation zu groß. Somit ging ich vorerst den Weg des geringsten Widerstandes und lebte weiter wie bisher.

Denn solange alles so lief wie sie es wollte, war es ein durchaus angenehmes Leben, wenn man davon absieht, dass wir jeden Monat 5.000 bis 6.000 Euro verbrannten.
Aber was bedeutete schon Geld. Ich war gesund und durfte an ihrem Leben teilhaben. Damit sollte ich doch zufrieden sein. Ich teilte ihren Luxus indirekt und kam somit in den Genuss, ihn auch genießen zu dürfen. Dies hielt jeden Monat das nötige Gleichgewicht.

Zurück ins Haus

Wie ich aus dem damals heimlich gesichteten Schriftverkehr erahnen konnte, war es nur eine Frage der Zeit, bis das Thema „Haus" wieder auf der Tagesordnung stand. Ihre Scheidung war nun seit wenigen Wochen rechtskräftig.

Der Ausgang der Scheidungsverhandlungen blieb mir unbekannt. Von den Streitigkeiten und den im Raum stehenden Forderungen wusste ich ja offiziell nichts. Sie kam eines Tages völlig aufgelöst zu mir und berichtete mir unter bitterlichen Tränen, dass dieser Mann das Haus verlassen würde und sie ab sofort wieder dafür aufkommen müsse.

Von der damals getroffenen Vereinbarung wisse er nichts mehr und außerdem würden seine Lebensumstände und seine finanziellen Mittel kein Haus zulassen. Da ich durch meine damals heimlichen Recherchen wusste, dass es weiterhin ihr Haus war und sämtliche Verträge auf ihren Namen liefen, fiel mir eine betroffene Reaktion schwer.

Dennoch zeigte ich mich ihr gegenüber betroffen. Ich wusste ja, dass diese angebliche Überlassung nur eine kurzfristige Situation darstellte, bis die Scheidung vom Tisch war. Sie wollte ihn während der Zeit der Trennung und Scheidung einfach nicht sehen und ließ ihn stillschweigend in dem Haus leben.

Die Bank zog jeden Monat die Rate per Lastschrift ein und alles schien erst einmal in trockenen Tüchern. Sie hatte kurzfristig diese Belastung los und er hatte eine hübsche Bleibe für sich und seine neue Familie.

Es war beiden Parteien von vornherein klar, dass dieses Konstrukt nur von kurzer Dauer war. Er war so dumm und ließ sich darauf ein, sie war so dreist und zog es Monat für Monat durch.

Bitterlich weinend sagte sie, dass sie das Haus nicht verkaufen könne und ihr Herz doch so sehr daran hängt. Sie hätte gedacht, dass sie sich davon lösen könne, wenn sie es diesem Mann überlassen würde. Da er es nun nicht mehr nutzen konnte merkte sie, wie sehr sie doch an diesem Haus hing.

Unbedingt wolle sie wieder dort einziehen. Es war doch ihr Traum, ihr Glück. Sie wollte es doch so sehr. Von den damals genannten und angeblich dort stattgefundenen Gewaltübergriffen auf sie war keine Rede mehr. Dass ich mittlerweile den Großteil der wahren Begebenheiten kannte, wusste sie nicht. Das Wissen um die Hintergründe und der plötzliche Umstand, wieder in dieses Haus zu ziehen, lösten sofort Bauchschmerzen und Übelkeit aus.

Ich wünschte mir in diesem Moment nichts mehr, als dass endlich diese große Hand vom Himmel kam, mich sanft emporhob und auf einer idyllischen Wiese weit weg von dieser Situation absetzte.

Stattdessen kamen nicht enden wollende Ausführungen ihrerseits, wie schön es werden würde, wieder in dieses Haus zu ziehen. Alle damaligen Bedenken und schlechten Erinnerungen an das Haus waren verflogen. Das dies nicht zufällig und von irgendwoher kam wusste ich, denn ich kannte ihren gesamten Schriftverkehr. Ich ließ sie in dem Glauben, dass es für mich ebenso überraschend kam wie für sie.

Mein Bauch und mein Kopf sagten mir allerdings, dass ich so schnell wie möglich weglaufen soll. Dennoch tat ich es nicht. Sie wirkte doch so glücklich. Sie hatte doch nun alles, was sie wollte. Ich sah sie doch nicht gerne unglücklich.

Mit einem inneren Bewusstsein, dass ich hier einen weiteren großen Fehler beging, stimmte ich ihren erneuten Umzugsplänen zu. Noch am selben Tag fuhren wir in das Haus. Wie auf wundersame Weise war der Mann bereits verschwunden und hatte das Haus besenrein hinterlassen. So plötzlich schien die Nachricht also nicht gekommen zu sein, dachte ich mir. Ein so großes Haus von heute auf morgen besenrein zu verlassen, dazu gehörte eine Logistik die ich mir nicht vorstellen konnte.

Da ich aber ihren Schriftverkehr kannte, war mir schnell bewusst, dass dieser Auszug keineswegs so schnell und unverhofft erfolgte, wie sie es mir glaubhaft darstellte. Ich blieb jedoch weiter bei meiner Strategie, mir nichts anmerken zu lassen.

Ich versuchte mir die Situation dahingehend schönzureden, dass ich die momentanen Kosten denen des Hauses gegenüberstellte. Wir zahlten jetzt an Miete inklusive Strom einen Betrag von 930 Euro pro Monat. Die monatliche Rate für das Darlehen auf das Haus beträgt gerade mal 525 Euro.

Dies hatte ich aus dem Schriftverkehr zwischen ihr und ihrem Mann herauslesen können. Dazu kämen noch Strom, Wasser und Abwasser sowie Versicherungen auf das Haus. Monatlich ging es hier um einen Betrag der bei ungefähr 750 Euro lag. Immerhin gute 200 Euro weniger als die jetzige Wohnung.

Eine finanzielle Mehrbelastung sollte es also nicht bedeuten, so jedenfalls mein gutgläubiges Denken. Dass dieses Haus am Ende nicht nur Geld, sondern auch beinahe ein Menschenleben kosten sollte, war mir keineswegs auch nur ansatzweise bewusst.

Das Haus war also bezugsfertig für uns bereit. Sie machte

einen ausgiebigen Rundgang und richtete das Gebäude gedanklich mit den erst neulich gekauften Möbeln ein.

Die Einbauküche würde schon mal nicht passen, die könne man ja aber auch verkaufen oder den neuen Mietern der jetzigen Wohnung überlassen. Alle anderen Möbel würden sich gut machen und wären mit einem Umzugsunternehmen auch schnell in das Haus transportiert und aufgebaut, so ihre Worte. Nach reichlich zwei Stunden Rundgang fuhren wir in die Wohnung zurück.

Noch während der Fahrt rief sie das schon beim letzten Umzug genutzte Umzugsunternehmen an und teilte die Dringlichkeit ihres Anliegens mit. Ein Umzug in ihr Haus stünde an und dieser müsse am besten noch diese Woche von statten gehen. Geld spiele keine Rolle. Das Unternehmen würde, wie auch beim letzten Mal, großzügig und selbstverständlich im Voraus bezahlt werden. Wichtig wäre, dass es schnell geht und es wie gewohnt ein All inclusive-Preis wäre.

Sie will am Ende keinen Handschlag mehr selber machen müssen. Sie würde Vollzeit arbeiten und habe somit schon genug Stress. Das Umzugsunternehmen sicherte den Beginn der Maßnahmen bereits ab übermorgen zu. Ein geplanter größerer Umzug wäre kurzfristig abgesagt worden und somit würde sich dieser kurzfristige Termin ergeben. Dies sagte ihr zu und auf dem Weg in die Wohnung machten wir noch einen kurzen Halt beim Umzugsunternehmen.

Sie erteilte den schriftlichen Auftrag und bezahlte den am Telefon vereinbarten Preis per EC-Karte. Sollte sich beim Umzug ein tatsächlicher Mehraufwand ergeben, so würde dieser nach Abschluss der Arbeiten nachberechnet werden.

Eine Preisübersicht der verschiedenen Leistungssätze wurde uns ausgehändigt. Alles in allem sollte man sich aber innerhalb der vereinbarten 950 Euro bewegen.

Diesmal fiel kein Wort darüber, dass gewisse Möbel entsorgt werden sollen. Wenigstens hier waren keine unverhofften Kosten zu erwarten. Zumal die Möbel allesamt neu waren. Schnell war die Einbauküche fotografiert und im Internet zum Kauf angepriesen. Den eigentlichen Wert konnte man nicht verlangen, da es ja schnell gehen musste und man auf Grund eines vielleicht zu hohen Preises unnötig lange Zeiten in Kauf nehmen müsste.

Auf die Verkaufsanzeige wurde auch die Hausverwaltungsfirma aufmerksam. Im Zuge der eingereichten Wohnungskündigung schlug man uns vor, während der Kündigungsfrist von zwei Monaten auf eine Mietzahlung zu verzichten und uns zusätzlich noch 500 Euro zu bezahlen, wenn wir ihnen die Einbauküche überlassen würden. Dies erschien ihr fair und sie ließ sich auf dieses Angebot ein.

Mir erschien es nur dahingehend praktisch, dass wir insgesamt 1.700 Euro Miete sparten und noch 500 Euro Starthilfe für den Umzug erhielten, immerhin die gute Hälfte der Umzugskosten. Die persönlichen Dinge waren schnell in Umzugskisten verpackt und fein säuberlich aufeinandergestapelt im Wohnzimmer deponiert.

Das Umzugsunternehmen erschien wie abgemacht am übernächsten Tag, es war ein Freitag, und packte mit einer Heerschar an Helfern alles in einen geräumigen Lastkraftwagen. Somit würden am Abend des Freitags alle Möbel und alle Sachen im Haus stehen und man hätte das Wochenende, um alles in Ruhe einzuräumen.

Der Unfall

Wir lebten nun ein paar Wochen in ihrem Haus. Sie war glücklich und ich hatte demnach weitestgehend meine Ruhe. Jedoch begann sie direkt nach dem Einzug mit Plänen für eine komplette Umgestaltung des Hauses. Neue Fußböden, neue Fenster, neues Dach, neue Heizungsanlage, neue elektrische Anlage, komplette Umgestaltung der Außenanlagen, neuer Pool, neue Einzäunung des eineinhalb Hektar großen Grundstückes, neues elektrisches Eingangstor und vieles mehr standen auf ihrer Agenda.

Und was war mit den Forderungen ihres geschiedenen Mannes? Hier standen auch noch reichlich 35.000 Euro auf dem Deckel. Offiziell wusste ich nichts von diesem Betrag. Ich wusste aber, dass dieser Betrag fällig sei. Diese Vorstellungen machten mir Angst. Vielleicht doch weglaufen?

Hals über Kopf und bei Nacht und Nebel das Weite suchen? In Anbetracht der von ihr gehegten Pläne wäre es das Beste gewesen. Aber noch immer befand ich mich in allen nur denkbaren Abhängigkeiten. Noch tiefer als zu der Zeit, als ich dies das erste Mal bemerkte. Weglaufen war keine Option. Ich fand mich also zum wiederholten Mal mit meiner

Situation ab und tat, was ich stets am besten konnte, ich verdrängte es so gut es ging. Mit Verdrängen konnte man halbwegs ruhig schlafen.

An einem Montagmorgen um 8 Uhr fuhr ich zu einem kurzen dienstlichen Termin in einen nahegelegenen Ort. Ich war gerade mal drei oder vier Kilometer vom Haus entfernt, da steuerte auf einer kerzengeraden Landstraße ein Kleinwagen unvermittelter Dinge auf mich zu und machte auch keine Anstalten, der Situation auszuweichen. Ich hatte reichlich 110 km/h auf dem Tacho stehen, als meine Fahrt sehr plötzlich und mit einem ohrenbetäubenden Lärm ein Ende fand. Ich war noch bei vollem Bewusstsein und konnte nach einigen Momenten der Sinneswiederfindung sehen, dass dieser Kleinwagen frontal in meinen PKW hineingefahren war. Mein PKW befand sich noch auf der Straße, der mit mir kollidierte PKW befand sich auf dem Dach liegend auf dem angrenzenden Feld. Ich war wie gesagt bei Bewusstsein und konnte spüren, wie mein rechtes Bein regelrecht an mir herunterhing und ich Schwierigkeiten hatte zu atmen. Ich spürte keine Schmerzen und versuchte zu atmen. Es war mir nicht möglich. Der Brustkorb war wie durch ein massives Gewicht blockiert. Es ging weder Luft rein noch Luft raus. Noch bevor ich realisierte, dass ich langsam das Schmerzempfinden wiedererlangte, kam eine Rettungskraft zu mir und erkannte meine Lage sofort.

Was ich bis dahin nicht wusste, war, dass ein Rettungswagen, welcher sich auf einer Leerfahrt befand, Zeuge des Unfalles war.

Meine starke Verletzung des rechten Beines und meine Unfähigkeit zu atmen wurden vom Rettungspersonal sofort erkannt und behandelt. Weiteres Rettungspersonal wurde angefordert und binnen Minuten waren alle erforderlichen Kräfte am Unfallort eingetroffen.

Ich hatte mittlerweile, so erfuhr ich es dann aus meiner Unfall- und Krankenakte, das Bewusstsein verloren und wurde zur Entlastung des Körpers sediert. Während und nach meiner Befreiung aus dem PKW erfolgten drei Reanimationen sowie eine Versorgung mit Blutkonserven. Wie den späteren Akten zu entnehmen war, erlitt ich ein Polytrauma mit Lungenkontusion, einen Lungen- und Magenriss, mehrere Rippenbrüche sowie eine zerstörte Hüfte und eine offene Oberschenkelschaftfraktur mit massiver Verletzung der Blutgefäße, was wiederum einen starken Blutverlust mit sich zog.

Man führte eine Notversorgung in einem vor Ort befindlichen Intensivmobil durch und flog mich dann ins nächstgelegene Krankenhaus, welches Polytraumapatienten aufnehmen konnte.

Der Zustand der Unfallgegnerin zeigte sich zwar auch kritisch, aber sie erlitt zum Glück nicht annähernd solche Verletzungen wie ich. Sie wurde mit einem Rettungswagen in das in der Stadt befindliche Krankenhaus eingeliefert.

Im künstlichen Koma befindlich, wurde ich sofort nach Ankunft im Krankenhaus fast vier Stunden lang operiert und danach auf die Intensivstation verlegt. Dort hielt man die Sedierung noch lange Zeit aufrecht, bis man mich langsam wieder ins Bewusstsein zurückholte und anschließend auf die IMC-Station verlegte.

War dies die große Hand, die versuchte mich zu holen? Wenn ja, so ist ihr das gehörig misslungen. Schwer verletzt und mit starken Schmerzen kämpfend, ließ mich diese Hand nun im Krankenhaus zurück. Als ich nach und nach stabiler wurde und auf eine normale Station verlegt werden konnte, fing sie an alles zu regeln, was die Aufklärung und Abwicklung des Unfallherganges betraf.

Die Beweislage war eindeutig. Ich wurde unverschuldet in einen Unfall verwickelt. Laut Polizei traf mich keinerlei Schuld am Geschehenen. Als ich mich weitestgehend dazu in der Lage fühlte eine Aussage über das Erlebte zu tätigen, gab es Termine mit der Polizei und dem Rechtsanwalt, den sie mittlerweile konsultiert hatte.

Alle Termine fanden im Krankenhaus statt, denn ich war bislang unfähig zu laufen. Neben einer zu unterschreibenden Aussage und verschiedenen Krankenhausunterlagen legte sie mir ein weiteres Schreiben zur Unterschrift vor. Der Wortlaut dieses Schreibens machte mich sprachlos und nachdenklich. Was sollte dieses Schreiben? Verkaufe ich hier meine Seele? Der Wortlaut lautete im Original wie folgt:

„Hiermit bevollmächtige ich, XXXX XXXX, meinen Rechts-anwalt Dr. XXXX XXXX, alle mir zustehenden Leistungen vom Unfall am XX.XX.XXXX an Frau XXXX XXXX aus-zuzahlen.

Datum. Unterschrift."

Da ich im Krankenhaus liege und mich somit um nichts kümmern kann, wäre dies die beste Alternative, sagte sie. Sie würde alles treuhänderisch verwalten und das Konto wäre doch eh ein Gemeinschaftskonto. Ich könne mich auf meine Genesung konzentrieren und sie kümmere sich um alles. Leichtsinnigerweise unterschrieb ich. Wie alles, was sie mir zur Unterschrift vorlegte. Ich unterschrieb alles ohne Widerworte. Meine Genesung schritt langsam aber stetig voran.

Nach einigen Wochen konnte ich aus der stationären Behandlung entlassen werden. Ich bewegte mich zwar noch weitgehend mit Rollator und Gehstützen vorwärts, war aber in Anbetracht der schweren Verletzungen auf einem sehr guten Weg der Genesung.

Die Zeit im Krankenhaus war eine wirklich angenehme Zeit. Ich genoss regelrecht den einfachen Alltag, weit weg von einem materiell und finanziell bestimmten Tagesablauf.

Siebeneinhalb

Zuhause angekommen, traf mich eine unverhoffte Überraschung. War dies wirklich alles wahr, was ich hier sah? Lag ich vielleicht noch komatös auf der Intensivstation? Nein. Kein Traum. Realität. Die Fußböden waren in fast allen Räumen bis auf den blanken Erdboden entfernt, die Steckdosen und Kabel hingen von den Wänden und allgemein sah es aus wie nach einem Bombenangriff.

Sie wunderte sich, wieso ich mich nicht überschwänglich freute. Sie hatte doch diese Maßnahmen auf ihre Agenda geschrieben. Damals. Beim Einzug in das Haus. Wisse ich das denn nicht mehr?

Sie wollte mir eine Freude machen und hatte deswegen diese Arbeiten bereits durchführen lassen. Die gegnerische Haftpflichtversicherung habe bereits das kaputte Auto ersetzt und auch alle anderen Schäden wie meine kaputte Brille, meine kaputte Kleidung, Verdienstausfall und andere entstandene Unannehmlichkeiten großzügig vergütet. Man muss dazu erwähnen, dass wir neben unseren Dienstwagen noch ein kleines privates Auto angeschafft hatten.

Ein kleiner roter Flitzer mit Faltdach. Sie fand ihn damals

einfach toll. Für die Stadt und für den Sommer. Sie wollte ihn doch so gerne.

Mein Unfall ereignete sich mit diesem Auto, da ich meinen damaligen dienstlichen Termin damit verbinden wollte, das Auto zu betanken. Der Verlust dieses Autos wurde demnach bezahlt. In der Summe gab es einen ersten Vorschuss in Höhe von 10.000 Euro.

Dieses Geld habe sie gleich genommen um die Fußböden entfernen und entsorgen zu lassen, die Wände vom Putz zu befreien und sämtliche elektrischen Leitungen freizulegen. Ebenso wurden Baustoffe für neue Fußböden sowie Material für neue Elektrik davon gekauft.

Sie hätte dafür auch keine kostspielige Firma beauftragt, sondern zwei gute Bekannte denen sie 25 Euro pro Stunde schwarz auf die Hand gab. Somit habe sie sogar wirtschaftlich gehandelt und anderen einen Gefallen getan. Damit die beiden Helfer nicht ihre eigenen Werkzeuge für diese Arbeiten benutzen mussten, habe sie professionelles Werkzeug im örtlichen Baumarkt gekauft.

Hier schlugen knapp 2.000 Euro zu Buche, aber in einem Haus kann man gutes Werkzeug und gute Maschinen immer brauchen. Da waren sie also investiert, die ersten 10.000 Euro für den Verlust des PKWs, für den Ersatz meiner kaputten Sachen und für die entstandenen Unannehmlichkeiten.

Freudig sagte sie noch, dass eine sehr gute Aussicht auf ein hohes Schmerzensgeld bestehe und man damit den Großteil ihrer auf der Agenda stehenden Dinge erledigen könne.

Das dies mein in Aussicht stehendes Schmerzensgeld war, stand nicht zu Debatte, denn immerhin habe ich dem Rechtsanwalt Anweisung erteilt, ihr alle Zahlungen gutzuschreiben. Ich erlitt die Schmerzen und Strapazen, sie kassierte auf höchst offiziellen Weg die dafür fließenden Zahlungen.

Und ich habe es eigenhändig so unterschrieben und angewiesen. Jackpot. Im Laufe der nächsten Wochen gingen weitere Vorschusszahlungen von der gegnerischen Versicherung ein. Dieser Anwalt war wirklich ein Experte auf seinem Gebiet.

Er holte raus was rauszuholen ging. Wahnsinn! Es folgte eine Vorschusszahlung nach der anderen. Mal 5.000, mal 7.000, mal 2.500 Euro. Währenddessen lief auch eine Begutachtung seitens der Berufsgenossenschaft, da sich der Unfall ja während der Arbeitszeit ereignete. Die Begutachtung kam zu dem Schluss, dass ich einen bleibenden Schaden von mindestens fünfundzwanzig Prozent Erwerbsminderung behalten würde. Dies sollte nach abschließender Begutachtung mit einer lebenslangen Unfallrente honoriert werden. Bis zur Verrentung der Ansprüche würde es noch eine Weile dauern.

Jedoch bot mir die Berufsgenossenschaft einen Vorschuss auf die zu erwartende Jahresrente an, da mir die Ansprüche wohl ab dem Tag des Eintretens des Ereignisses zustehen würden. Vorerst sollte es einen Vorschuss oder vielmehr eine Nachzahlung in Höhe von 7.500 Euro geben.

7.500 Euro für den Verlust eines Teils meiner Erwerbsfähigkeit. Bei allem Respekt, aber dieses Geld wollte ich ihr nicht überlassen.

Es war ein finanzieller Ausgleich für die bleibende Schädigung meiner Gesundheit. Ich wollte ihr dieses Geld um keinen Preis überlassen. Und da kam mir eine Idee. Ich besaß noch ein Sparkonto, von dem sie nichts wusste. Ich hatte es damals vorsorglich für mich behalten, auch wenn es nur reichlich 500 Euro Guthaben aufwies, so war es mein kleines 500 Euro wertes Geheimnis.

Die mir zustehende Zahlung könne die Berufsgenossenschaft doch auf dieses Konto überweisen. Ich könnte einen Brief an die Berufsgenossenschaft aufsetzen und diesen bei der nächsten Fahrt zur Physiotherapie, die täglich ein Fahrdienst durchführte, in den Briefkasten werfen lassen. Und so tat ich es auch. Da sie tagsüber arbeitete, war ich viele Stunden auf mich allein gestellt.

Die Berufsgenossenschaft bezahlte eine Haushaltshilfe und

somit bekam ich Hilfe bei einfachen alltäglichen Dingen. Ansonsten konnte ich tagsüber Dinge erledigen, ohne dass sie diese bemerkte. So auch diesen Brief an die Berufsgenossenschaft schreiben. Gleich am nächsten Tag ließ ich den Brief vom Fahrdienst auf dem Weg zur Physiotherapie in den Briefkasten werfen.

Ich fühlte mich wohl mit dem Gedanken, dass auch ich etwas von dem mir zustehenden Geld bekommen würde. Die Berufsgenossenschaft war sehr schnell in der Auszahlung dieser Leistung, und so konnte ich bereits wenige Tage nach Bekanntgabe meiner Bankverbindung das Geld auf dem Sparkonto verzeichnen. 7.500 Euro.

In Anbetracht der Beträge die beinahe im Zwei-Wochen-Takt von der gegnerischen Versicherung kamen war es zwar eine verhältnismäßig kleine Summe, aber für mich persönlich ein sehr großer Betrag. Was ich nicht bedacht hatte war, dass irgendwann ein Bescheid der Berufsgenossenschaft in unserem Briefkasten landen würde. Und da ich den Briefkasten momentan nicht selber leeren konnte, war dies ein folgenschwerer Fehler den ich missachtet hatte. Der Bescheid kam, und zwar genau so schnell wie auch das Geld auf meinem Sparkonto landete.

Als sie von der Arbeit nach Hause kam, fand sie diesen Brief im Briefkasten. Und in diesem Brief einen Bescheid zum

Grad der bisherigen Erwerbsminderung und der zustehenden Geldbeträge, abzüglich bereits geleisteter Vorschüsse.
Und genau dieser Vorschuss in Höhe von 7.500 Euro fehlte
ihr auf dem Konto. Sie betrat das Haus, warf wütend diesen
Brief auf den Tisch und schrie mich aus voller Kehle an, wo
das Geld geblieben sei.

„Wo sind die siebeneinhalb?"
„Wo sind sie?"
„Mach dein dummes Maul auf und sage mir auf der Stelle wo
die siebeneinhalb sind!"

Ich schwieg. Ich wollte und konnte nichts sagen. Sie kam
auf mich zu, nahm mir beide Unterarmgehstützen weg,
schlug mir mit einer dieser Stützen kraftvoll gegen das linke und zum Glück gesunde Bein und warf beide Stützen
aus der noch offen stehenden Haustür. Der Schlag gegen
das Bein hatte es in sich, schnell färbte sich das Hosenbein
der Jogginghose rot. Der Schlag hatte eine blutende Wunde
hinterlassen. Ich versuchte die Fassung zu behalten und meine Tränen zu unterdrücken. Mir war aber wie Weinen, die
Schmerzen waren wirklich sehr groß.
Wieder nahm sie Haltung an und schrie aus voller Kraft.

„Mach jetzt deine Fresse auf und sage mir auf der Stelle wo die siebeneinhalb sind!"

„Ich schwöre dir, ich vergesse mich hier, wenn du mir nicht auf der Stelle sagst wo die siebeneinhalb sind!"

„Wo sind die siebeneinhalb?"

Ich schwieg weiter. Mein Hosenbein war mittlerweile tiefrot gefärbt und der Schlag gegen das Bein schmerzte zunehmend. Ich konnte ihr nicht sagen wo das Geld ist. Ich war wie gelähmt. Was passierte mir hier? Ich fand keine Erklärung. Ich spürte nur das Blut an meinem Bein und hörte ihre Schreie.

„Wo sind die gottverdammten siebeneinhalb hin?"

„Mach endlich deine Scheißfresse auf und sag mir, wo die siebeneinhalb sind!"

„Wo sind die siebeneinhalb, wo sind sie, wo?"

„Ich schwöre dir, dass du schneller wieder im Krankenhaus bist, als du es dir vorstellen kannst!"

Mit diesen Worten lief sie aus dem Haus und kam mit einer Gehstütze zurück. Ich wollte mich wegdrehen und Schutz suchen, aber der Schlag der Stütze traf mich schneller, als ich reagieren konnte. Diesmal traf der Schlag das rechte kranke Bein.

Ich schrie laut auf vor Schmerzen und brach zusammen. Mir wurde regelrecht schwindlig vor Schmerzen. Ein weiteres Mal holte sie zum Schlag aus und traf erneut das linke, bereits stark blutende, Bein.

Dann nahm sie die Gehstütze und schlug sie mehrmals auf die steinerne Kante des Kamins. Unentwegt brüllte sie.

„Wo sind die siebeneinhalb?"
„Wo sind sie, mach dein Maul auf und sage mir wo die siebeneinhalb sind!"

Ich konnte noch immer keine Antwort geben. Unter Tränen bat ich sie einen Arzt zu holen. Die Schmerzen waren unerträglich und die Wunde blutete stark. Das rechte Bein blutete nicht, jedoch waren die Schmerzen vom Schlag unerträglich.

Sie kam meiner Bitte nach, ließ von mir ab und wählte den Notruf. Sie meldete sich aufgeregt, weinerlich und aufgelöst und teilte ihr Anliegen mit. Sie sagte, dass ihr Freund durch einen schweren Unfall zuhause wäre und frisch operiert sei. Sie wäre nur kurz einkaufen gewesen und ihr Freund hätte versucht eigenmächtig und ohne Gehstützen die ersten Gehversuche zu unternehmen.

Dabei sei er unglücklich gestürzt und auf die steinerne Kaminkante gefallen und habe sich dabei starke Verletzungen zugezogen. Sie sollen schnell kommen, er blute stark. Sie legte auf, ihr Ton wurde schlagartig wieder zornig und sie befahl mir, keinen Ton darüber zu verlieren, was sich wirklich zugetragen hätte. Ich wisse jetzt wozu sie im Stande sei und sobald ich erzähle was sie getan habe, so wäre das eben Erlebte nur eine Kostprobe dessen, was sie noch machen könne.

Nur Minuten später fuhr der Rettungsdienst auf dem Platz vor dem Haus vor und zwei Sanitäter betraten das Haus.

Sie konnte auf Anhieb in Tränen ausbrechen und begrüßte die beiden dementsprechend aufgelöst und hilflos. Ich machte gute Miene zum Spiel und sagte, dass ich beim Versuch freihändig zu laufen, unglücklich gestürzt sei und deswegen in dieser misslichen Lage wäre.

Sie versorgten vor Ort die stark blutende Platzwunde am linken Bein, gaben mir ein starkes Schmerzmittel und nahmen mich mit ins Klinikum. Sie rief mir die besten Genesungswünsche hinterher und dass sie hoffe, dass ich schnell wieder zu Hause sei. Ich merkte, wie langsam das Schmerzmittel wirkte. Gottseidank.

Wie sie es befahl, sagte ich dem Arzt nicht was wirklich geschah. Ich beharrte fest auf der Variante, dass ich bei meinen ersten Gehversuchen gestürzt bin und mir dadurch diese

Blessuren zugezogen habe. Ob mir der Arzt diese Version abkaufte oder nicht konnte ich nicht erkennen.

Die notdürftig versorgte Platzwunde wurde mit einigen Stichen genäht und beide Beine wurden geröntgt. Bis auf die Platzwunde waren es zum Glück nur Prellungen. Auch das kranke Bein hatte glücklicherweise nichts weiter abbekommen. Noch am selben Tag konnte ich wieder aus dem Krankenhaus entlassen werden. Wirklich glücklich war ich nicht darüber.

Das Krankenhaus rief zuhause an und teilte mit, dass ich wieder abgeholt werden könnte. Eine reichliche Stunde später erschien sie dann auch um mich mitzunehmen. Die Fahrt vom Krankenhaus zurück nach Hause verlief, ohne dass ein Wort gesprochen wurde. Die Zeit während meiner Behandlung verbrachte sie damit, mit Hilfe des Rechtsanwaltes herauszubekommen, wo „ihre siebeneinhalb" abgeblieben sind. Schnell hatte sie die Information, dass dieses Geld auf meine Anweisung hin auf ein separates Konto überwiesen wurde. Da sie aber weder das Konto noch das kontoführende Geldinstitut wusste und die Berufsgenossenschaft dies aus Datenschutzgründen auch nicht mitteilte, blieb ihr nur der Weg es von mir persönlich zu erfahren.

Zuhause angekommen sagte ich, dass ich starke Schmerzen habe und gerne ein warmes Bad nehmen möchte, was mir dank eines wasserfesten Duschpflasters auch möglich war. Überraschenderweise sah sie darin kein Problem und bereitete mir ein warmes Vollbad zu. Sie half mir auch dabei in die Badewanne zu steigen, da ich selbst sehr wacklig auf den Beinen war. Als ich ein paar Minuten in der Badewanne gesessen hatte, brachte sie mir meinen kleinen Laptop, Stift und Papier und sagte ich habe nun genau eine halbe Stunde Zeit, ihre siebeneinhalb auf das mir bekannte Konto zu überweisen.

Auf das Konto wo alle bisherigen Zahlungen eingingen. Mehr sagte sie nicht. Sie sagte es ruhig, aber bestimmt. Was blieb mir anderes übrig als dieser Aufforderung nachzukommen. So etwas wollte ich nie wieder erleben.

Ich übertrug also die gewünschten siebeneinhalb auf das mir angegebene Konto und machte einen Bildschirmausdruck des Übertrages zum Beweis. Als sie nach der genannten halben Stunde das Badezimmer betrat, forderte sie mich auf ihr umgehend zu beweisen, dass der Übertrag erfolgte. Ich zeigte ihr den Bildschirmausdruck und sagte, dass das Beweis genug wäre. Sie misstraute mir und forderte mich auf, mich online auf dieses Konto einzuloggen um ihr zumindest die erfolgreich eingegebene Transaktion zu zeigen. Aus Angst tat ich es. Bei diesem Vorgang sah sie auch, dass dieses Konto weitere 500 Euro an Guthaben zeigten. Sie fragte weder nach der Herkunft des Geldes noch nach dem Zweck dieser Ansparung. Sie befahl mir umgehend auch diesen Betrag zu überweisen. Sie blieb so lange neben mir stehen, bis auch dieses Geld an sie übertragen wurde.

Ich sagte, ich wolle noch ein paar Minuten baden und etwas allein sein. Sie kam dieser Bitte nach und verließ das Badezimmer. Ich ging alles Erlebte nochmal im Kopf durch, zog den Stöpsel und trocknete mich so gut ich es selber konnte ab. Ich rief nach ihr und bat sie mir aus der Badewanne zu helfen, was sie auch anstandslos tat.

Den restlichen Tag verbrachten wir schweigend. Sie schaute TV und wirkte glücklich, hatte sie doch eine neue Finanzspritze von 8.000 Euro erhalten. Ich saß ebenso schweigend daneben und spürte Schmerzen in beiden Beinen. Aus dem Krankenhaus hatte ich vier starke Schmerztabletten mitbekommen. Diese würden mir zumindest bis morgen Abhilfe schaffen. Die momentan laufende Physiotherapie musste auf Grund dieses Vorfalles etwas umgestellt werden, da ich durch die Schmerzen nicht alle Übungen mitmachen konnte.

Ich sagte keinem, was wirklich geschehen war und entschuldigte die Blessuren mit meiner eigenen Tollpatschigkeit. Dies beherrschte ich mit zunehmender Perfektion. Man merkte mir nichts an. Jeden psychischen und physischen Zustand verdeckte ich.

Ihr wahres Ich

Der Vorfall mit den ihr vorenthaltenen 7.500 Euro ließ ihre Maske komplett fallen. Ab diesem Tag hatte sie mich restlos unter Kontrolle. Sie zeigte mir mehr als deutlich, zu welchen Mitteln sie greifen würde, wenn sie nicht bekäme was sie wolle. Ich befand mich nun in vollständiger Abhängigkeit ihr gegenüber. Materiell, finanziell, räumlich.

Sie kontrollierte mich psychisch wo es nur ging. Ich konnte kein Telefonat mehr alleine führen, keine SMS mehr Schreiben und keine Dinge mehr am Laptop tun, ohne dass sie daneben saß und mich kontrollierte.

Die Zeit während der Physiotherapie, welche ja außerhalb stattfand, bestand aus durchgehender Kontrolle. Ich musste während der Fahrt zu Therapie mit ihr in Kontakt stehen, ich musste ihr nach jeder Therapieeinheit eine SMS schreiben oder sie anrufen, wie lange es noch dauern würde. Nach Ende des Therapietages musste sofort ein Anruf erfolgen welcher solange andauerte, bis der Fahrdienst zur Abholung erschien. Die wenigen Minuten, die ich benötigte in das Auto zu steigen, konnte das Telefonat unterbrochen werden. Sobald ich im Auto saß erfolgte ein Telefonat bis ich zuhause vor dem Haus ankam.

Ich musste haarklein über jede Minute im Therapiezentrum berichten. Zuhause warteten, trotz meiner eingeschränkten Handlungsfähigkeit, allerlei Arbeiten auf mich. Der Großteil umfasste das Bedienen ihrer Wünsche.

Wenn sie sich zu einem Vollbad in die Badewanne begab, musste ich ihr diverses Obst zubereiten, schälen, mundgerecht teilen und es verzehrfertig angerichtet zu ihr bringen. Sie probierte einige Stücke Obst und winkte, sofern es ihr zusagte, dankend ab. Entsprach etwas nicht ihren Vorstellungen, so flog dieses Obst wahlweise durch das gesamte Badezimmer oder mir direkt ins Gesicht.

Ich durfte in jedem Fall dieses Obst einsammeln und entsorgen. Ich bekam genaue Anweisungen, wie ich es zuzubereiten hätte und kam diesen Anweisungen umgehend nach, um ihr neues Obst zu bringen. Während sie badete und das Obst verzehrte, war ich mit Dingen wie Wäsche bügeln, Wäsche zusammenlegen, Aufwaschen, Aufräumen, Schuhe putzen und anderer Hausarbeit beauftragt. Während meiner Therapie fiel mir das alles sehr schwer, da ich ja noch immer Gehstützen benötigte und dementsprechend schlecht zu Fuß war.

Dieser Umstand bedeutete ihr relativ wenig. Sie stellte ihre

Forderungen und ich hatte diese zu erfüllen. Ich hatte diese Dinge während ihrer Badezeit zu erledigten. Da ich aber nie wusste wie lange diese Badezeit andauerte, befand ich mich stets in einem unerträglichen Zeitdruck.

Kam sie nämlich vor der vollständigen Erledigung der Arbeiten aus der Badewanne, drohte mir die nächste Demütigung aus Schlägen oder anderen Übergriffen.

„Was bist du nur für ein lahmer und fauler Nichtsnutz!"
„Ich habe dir zwei Stunden gegeben alles zu erledigen, ist denn das zu viel verlangt sich mal etwas zu beeilen?"
„Schau dir das an, die Obstschalen liegen noch in der Spüle und du hängst noch immer an der Wäsche fest!"
„Was bist du für eine Lusche?"
„Machst hier mit deinen Krücken einen auf arme Sau!"

Der Ton wurde von Sekunde zu Sekunde lauter und deutlicher. Jedes von mir erledigte Ding wurde angepackt und durch das Haus geworfen. Jedes Wäschestück flog durch die Luft, Geschirrteile warf sie auf den Boden, wobei einiges davon zu Bruch ging, die Obstschalen schmiss sie auf die Couch, bereits in den Schrank geräumte Wäsche und Kleidung warf sie mit den Kleiderbügeln die Kellertreppe hinab.

Dabei schrie sie unentwegt, was ich für ein nichtsnutziger Lappen bin und wie sie das alles ankotzt, dass sie mir ständig hinterher räumen musste. Ich stand schweigend dabei und wartete ab, bis ihr Anfall beendet war. Mein schweigendes Abwarten konnte sie überhaupt nicht ertragen. Immer wieder stellte sie sich provokant vor mich und schrie mich an. Sie schrie mir ins Gesicht, was ich denn für ein Schwächling bin. Ich wäre unnütz, schwach und ohne jegliches Selbstbewusstsein.

Mein Schweigen ließ sie regelrecht kochen. Sie stand bis auf wenige Zentimeter vor mir. Ihr Gesicht befand sich nur drei oder vier Zentimeter vor meinem. Ich sah diesen weißen Belag in ihren Mundwinkeln den sie immer bekam, wenn sie schrie. Sie hielt ihr Gesicht direkt vor meins und spuckte mir immer wieder direkt ins Gesicht.

„Kapiere es, dass du nicht mehr wert bist als das hier!"
Nach diesem Satz spuckte sie mich wieder an.
„Nichts bist du wert!"
„NICHTS!"

Diese Sätze und das Anspucken folgten unzählige Male. Immer direkt ins Gesicht. Ich stand weiter still da und zeigte keine Regung. Was sie nur noch wütender machte.

Dem Anspucken folgten nun Ohrfeigen und Schläge ins Gesicht. Schon beim ersten Schlag fiel meine Brille zu Boden. Sie schlug immer wieder mit beiden Händen abwechselnd ins Gesicht. Immer wieder. Dabei schrie sie unentwegt, ich solle mich wehren.

„Wehr dich, du Feigling!"
„Komm, schlag zu, schlag mich, wehr dich endlich!"

Ihre Schläge wurden immer intensiver. Immer und immer wieder ins Gesicht. Ich ertrug es und zeigte keinerlei Reaktionen darauf.

Sie ließ kurz von mir ab und stellte sich etwas weiter von mir weg. Sie stand nur im Bademantel vor mir, da sie ja eben erst aus der Badewanne kam. Sie riss sich förmlich den Bademantel herunter und begann sich selber zu schlagen. Sie schlug sich mit den Händen an sämtlichen zu erreichenden Körperregionen. Dabei schrie sie lautstark.

„Schau hin, du feige Sau!"
„Schau, wie man das macht!"
„Schau hier, genau hier will ich es hin haben!"
„Komm, mach es mir nach und wehr dich endlich!"

Sie schlug und kratzte sich, zog mit aller Kraft an ihren Haaren und an ihrer Brust. Immer wieder schlug sie sich gegen den Kopf und schrie dabei ich solle mich wehren und es ihr nachmachen.

Ich stand vor ihr und blickte regelrecht durch sie hindurch. Ich fühlte mich wie in einer körperlosen Hülle vor ihr stehen. Ich nahm alles zunehmend gedämpfter in mich auf. Ich spürte keinen Schmerz. Als würde ein Film ablaufen. Sie wirkte bei ihrem Handeln regelrecht wie eine Wahnsinnige. Mein tatenloses Schweigen machte sie rasend.

Als sie merkte, dass ihre Aufforderungen, sie zu verletzen, erfolglos blieben, kam sie noch einmal auf mich zu, schlug mir mit Schwung ihre Faust ins Gesicht und rammte mir ihr Knie zuerst in den Bauch und dann in den Unterleib. Diesem Angriff konnte ich nicht mehr stehend standhalten.

Augenblicklich brach ich zusammen und fiel zu Boden. Jetzt fühlte ich einen Schmerz. Einen sehr starken Schmerz. Ich konnte meine Fassung nicht weiter aufrecht halten und begann zu weinen. Der Tritt in den Unterleib war unsagbar schmerzhaft. Mir wurde übel und ich musste mich übergeben. Sie bemerkte dies alles nicht mehr, da sie sofort nach diesem Angriff von mir abließ und den Raum verlassen hatte. Ich lag vor Schmerzen gekrümmt in meinem eigenen Erbrochenen, das Gesicht voller Speichel von ihr.

Ich weinte vor Schmerz, Demütigung und Angst. Ich traute mich nicht, sie um Hilfe zu bitten, sondern zog mich am Heizkörper hoch, nahm meine Gehstützen und begann damit, die Wohnung wieder aufzuräumen.

Sie war unterdessen wieder im Badezimmer verschwunden, ließ sich neues warmes Wasser ein und badete weitere zwei Stunden. Ich räumte unterdessen unter Schmerzen und Tränen die Spuren ihres Tobens zusammen, wischte das Erbrochene weg und bereitete ihr Obst zu. Ich gab mir große Mühe, diesmal alles richtig zu machen und alles nach ihren Vorstellungen zu erledigen.

Als sie aus der Badewanne kam, ging sie direkt ins Bett und sagte den Rest des Tages kein Wort mehr zu mir. Ich saß schweigend auf der Couch und wartete, bis sie eingeschlafen war. Ich hatte Hunger, die Schmerzen im Bauch waren jedoch so unangenehm, dass ich nichts essen konnte. Ich schlief hungrig ein.

Der nächste Tag begann, als wäre nie etwas vorgefallen. Ich wurde zur Therapie abgeholt, sie fuhr zu ihren Kundenterminen und ich schrieb ihr unentwegt SMS was ich tue, wie weit die Therapie ist und wann ich voraussichtlich fertig bin. Da ich mich in einer ambulanten Ganztagstherapie befand, dauerte ein Therapietag reichlich acht bis neun Stunden. Somit war sie meistens schon zuhause, wenn mich der Fahrdienst zurückbrachte.

Als ich an diesem Tag von der Therapie zurückkam, wartete sie schon mit einer größeren Aufgabe auf mich. Vor einiger Zeit hatte sie ja die Fußböden entfernen lassen und einen Großteil der elektrischen Anlage freigelegt. Die Fußböden wurden mittlerweile provisorisch mit Bodenplatten versehen und sollten zeitnah mit Fließen, Laminat, Teppich oder Parkett versehen werden.

Die Angebote dazu lagen bereits vor. Damit ich Nichtsnutz auch etwas tue, beauftragte sie mich mit dem Herrichten der elektrischen Anlage. Ich sollte neue Kabel abhängen, neue Lichtschalter und Steckdosen verkabeln und in jedem Raum vorbereitend zurechtlegen.

Ich bekam in jedem Raum eine Zeitung auf den Boden gelegt und musste, auf dem Boden sitzend, diese Arbeiten erledigen.

Da der Elektriker momentan einen engen Zeitplan hatte und dadurch wenig Zeit hatte ihre Anliegen zu erledigen, musste ich diese vorbereitenden Arbeiten ausführen.

Es bereitete mir große Probleme auf dem Boden zu sitzen, hatte ich doch ein künstliches Hüftgelenk erhalten und dementsprechend noch Schmerzen in der Hüfte. Auch die täglichen Therapien blieben nicht ohne Folgen, so wühlten sie stets sehr auf und zeigten sich nach dem langen Therapietag doch sehr schmerzlich.

Andererseits war ich froh, mit dieser Aufgabe betraut zu sein. Da ich handwerklich begabt bin und mir auch die Arbeiten an einer elektrischen Anlage wenig geistige Mühe abverlangten, war ich in dem Glauben, dass ich sie damit zufrieden und milde stimmen könne.

Dies wiederum könnte mir eine Zeit lang Ruhe verschaffen. Ruhe vor Gewaltübergriffen, Ruhe vor ihrem unentwegten Anschreien, Ruhe vor ihrer permanenten Unzufriedenheit. Ich hatte mit dieser Aufgabe ungefähr zwei Wochen zu tun. Ich kam von meiner Therapie, sie platzierte mich in dem entsprechenden Raum auf dem Fußboden auf einer Zeitung und ich bastelte Kabel, Steckdosen und Schalter zusammen. Sie schaute währenddessen zu, spielte an ihrem Handy oder blätterte in einem Buch. Die sonst vor mir zu erledigende Hausarbeit ließ sie von einer Haushälterin machen. Während sie arbeiten war und ich in der Therapieeinrichtung, kam zweimal pro Woche eine Haushälterin, die gegen Entgelt das Haus putzte und alle von ihr gewünschten Arbeiten erledigte. Die Sache hatte nur einen kleinen faden Beigeschmack. Diese Haushälterin war ihre eigene Tante.

Da ihre Tante selbst nur geringfügig beschäftigt war und das Geld deswegen stets recht knapp war, nutze sie dies aus und bot ihrer Tante an, ihr Haushaltseinkommen etwas aufzubessern.

Sie ging mit ihrer eigenen Tante um, als wäre diese ein niederes Hausmädchen. Im groben Befehlston gab sie ihr Anweisungen was sie zu erledigen hatte. Dieser Ton war jedoch weit von dem entfernt der sonst in diesem Haus herrschte. Ihr wahres Gesicht verbarg sie perfekt.

Ihre Tante führte die Arbeiten ohne zu fragen aus und wurde danach stets bar entlohnt. Die Zeit auf dem Fußboden war für mich eine schöne Zeit. Ich musste keine Hausarbeit erledigen, musste kein Obst zubereiten und stellte sie mit meinen Leistungen zufrieden. Obendrein sparte sie noch das Geld für den Elektriker. Dieses Geld konnte sehr gut für die vielen anderen Wünsche verwendet werden, die auf ihrer immer länger werdenden Wunschliste standen. Eine beinahe unendlich lange Liste.

Schwangerschaft und Hochzeit

Nachdem ich die vorbereitenden Arbeiten an der elektrischen Anlage abgeschlossen hatte, ging es wieder in den alltäglichen Drill über. Ich musste sämtliche Hausarbeiten erledigen und sie mit Obst und Getränken versorgen, während sie badete und jegliche Dinge die ihr zu langsam, zu unordentlich – oder eben einfach nicht so, wie von ihr gewollt – erledigt wurden, erneut auszuführen und dafür Demütigungen, Schläge und Beleidigungen einzustecken waren.

Dies erfolgte stets nach demselben Muster. Anschreien, provozieren, selbst verletzen, finaler Schlag oder Tritt, Verlassen der Situation. Niemals machte ich Anstalten, mich zu wehren. Stets ertrug ich es wehrlos. An einem Sonntag kam sie zu mir und berichtete, dass ihre Regelblutung ausbleiben würde. Sie hatte die Vermutung, schwanger zu sein.

Da ich Kinder sehr mochte stellte sich in mir sofort ein wohliges Gefühl ein und ich freute mich sehr über diese Vermutung. In keinster Weise machte ich mir Gedanken darüber, wie sie schwanger geworden ist. Eine Schwangerschaft setzt zumindest eine Handlung voraus, die zu einer Schwangerschaft führt. Das es rein praktisch gesehen nie zu solch einer Handlung zwischen ihr und mir gekommen ist, kam mir in diesem Moment nicht in den Sinn.

Die zurückliegenden Monate gab es keinen Geschlechtsverkehr zwischen ihr und mir. Seit dem ersten Übergriff von ihr auf mich gab es keine Intimitäten mehr. Ich hatte ab diesem Zeitpunkt Angst vor ihr. Ich sah sie nicht als Partnerin, Frau oder Sexualpartner. Ich sah sie als die Person, die mich in der Hand hat, mein Leben steuert und mir die Möglichkeit gab, etwas zu Essen und ein Dach über dem Kopf zu haben.

Für ihre Bedürfnisse hatte sie eine Sammlung an Utensilien bereit. Ebenso ging sie regelmäßig in Swingerclubs, um ihrem Drang nach Sexualität nachzugeben.

Für sie war es selbstverständlich, dass sie ihre Befriedigung bei anderen Männern holte; wenn ich es nicht konnte, mussten es andere tun. Ich ertrug diese offensichtliche Untreue ab dem ersten Tag.

Diese Umstände blendete ich gänzlich aus. Ich hörte nur das Wort „Schwangerschaft" und war überglücklich. Ein Kind! Ich liebte doch Kinder so sehr. Und ein weiterer Gedanke kam mir sofort in den Kopf: nun würden die Gewaltübergriffe ein Ende haben. Nun wird alles gut. Noch am selben Tag fuhr sie in eine Bereitschaftsapotheke und kaufte einen Schwangerschaftstest. Dieser zeigte ihre Vermutung deutlich an: sie war schwanger. Ich war erleichtert in der wirklichen Hoffnung, dass nun alles besser wird.

Alle Gewalt hat ein Ende und wir werden eine richtige Familie. Sie besinnt sich auf die wirklich schönen Dinge im Leben und alles wird gut.

Es mag für den Leser oder Zuhörer wirklich unglaublich klingen, aber ich stellte mir zu keinem Zeitpunkt die Frage, ob diese Schwangerschaft durch mich verursacht wurde. Ich blendete den Umstand wirklich vollständig aus.

Mein Wunsch nach einem Ende all der Misshandlungen und meine Kinderliebe standen weit über dem Hinterfragen der Schwangerschaft. Gleich Anfang der Woche fuhren wir zu ihrem Frauenarzt und dieser bestätigte nach seiner Untersuchung die Schwangerschaft ebenso. Zurück im Haus stellte sie eine Forderung an mich, die meine Freude über das zu erwartende Kind ins Schwanken brachte.

„Heirate mich. Oder ich bekomme dieses Kind nicht."

Diese Forderung war deutlich. Laut ihrem Frauenarzt war sie wohl in der 8. bis 9. Schwangerschaftswoche. Ein Abbruch wäre gesetzlich möglich gewesen. Sie hätte also jederzeit noch das Recht, dieses Kind abtreiben zu lassen.

„Heirate mich. Oder ich bekomme dieses Kind nicht."

Diesen Satz wiederholte sie noch einige Male. Dann setzte sie sich in ihr Auto und fuhr, durch den Arzttermin etwas verspätet, zu ihren Kundenterminen. Ich wurde gegen Mittag zur Therapie abgeholt, montags startete mein Tag in der Reha-Einrichtung meistens erst mittags, und ich ließ ihre Forderung immer wieder durch meinen Kopf gehen. Ich solle sie heiraten.

Nach außen hin präsentierte sie ihre Schwangerschaft als wundervolles Familienglück. Nach außen präsentierten wir von Anfang an die perfekte Beziehung.

Ab dem ersten Moment spielten wir die perfekte Welt, welche geprägt war von Wohlstand, Besitztum und einer makellos wirkenden Fassade. Augenscheinlich erweckte das Eindruck bei den Menschen, die uns sahen. Das war ihr stets wichtig, von anderen bewundert zu werden.

Für den Besitz, die stets neue Kleidung, die neuen Schuhe, den x-ten Urlaub im Jahr, den auffälligen Schmuck (es musste stets Gold sein), für ihre stets perfekt gebräunte Haut zu jeder Jahreszeit und für das Haus mit seinem riesigen Grundstück. Jeder Handwerker, der eine Tätigkeit am oder im Haus ausführte wurde im Voraus bezahlt, bar und mit reichlich Trinkgeld. Die Zahlungen aus meinem Unfall liefen weiter in gewohnter Form.

Die Schwangerschaft wurde als Krönung dieser perfekten Beziehung nach außen demonstriert. Selbst auf Facebook musste täglich mehrmals berichtet werden, wie stolz und glücklich sie ist. Facebook war ihr allgemein ein sehr gern und übertrieben genutztes Medium, um ihren Schein nach außen perfekt zu demonstrieren – was ich ihr gleichtun musste.

Jede Tätigkeit, jede Anschaffung, jede Gefühlsregung, jeder Neuerung am Haus sowie jeder Schritt von ihr musste auffällig der Öffentlichkeit zur Verfügung gestellt werden. Eine perfekte Welt, die sie nur zu gern mit anderen teilte. Ich musste diese perfekte Welt ebenso teilen. Überall wurde ich verlinkt, markiert und hinzugefügt.

Jede Tätigkeit musste ich kommentieren, liken, teilen und mit überschwänglicher Zustimmung honorieren. Fand dies mal nicht in ihrem gewünschten Zeitraum statt, so unterstellte sie mir, dass ich sie nicht lieben würde, sie verleugnen und nicht hinter ihr stehen würde. Dem folgten Beleidigungen, Gewaltübergriffe und Androhungen weiterer Gewalt.

Sie forderte rund um die Uhr ein, dass man den schönen Schein ständig aufrecht erhielt. So forderte sie auch die Wahrung des Scheins, dass es eine wundervolle und von überschwänglichem Glück geprägte Schwangerschaft sei. Dies war es nicht. Ihr war das in ihr heranwachsende Kind egal. Sie empfand es eher als eine ihren Körper ruinierende Last. Da ich der Forderung ihres Heiratswunsches nachkam, trug sie das Kind aus. Mehr war es rein sachlich betrachtet nicht – es war ein Austragen des Kindes. Ohne dass sie eine Mutterliebe oder andere Muttergefühle entwickelte. Es war ein leidiges Laster, um dem äußeren Schein die letzte fehlende Perfektion zu geben. Von Anfang an stand fest, dass es ein Kaiserschnitt werden soll, den sie würde sich durch eine natürliche Geburt gewiss nicht den Körper entstellen lassen und erst recht nicht die Schmerzen ertragen die eine Geburt mit sich bringt. Auch lehnte sie von Anfang an ab, dass dieses Kind jemals gestillt werden soll. Ihre Brust durch das Stillen belasten?

„Ich werde mir gewiss durch so einen Balg nicht meine Titten ruinieren!"
„Am Ende stehe ich da mit Hängetitten und ausgeleierten Nippeln!"
„Mich schaut doch so nie wieder ein Mann an."

Das waren ihre größten Sorgen, dass Ruinieren ihres Körpers. Während der Schwangerschaft gab sie unfassbar viel Geld für diverse Mittel und Präparate aus, die vorgaben die Folgen einer Schwangerschaft im Rahmen zu halten.

Gedehnte Haut, Schwangerschaftsstreifen, hängende Hautpartien. All das musste sie um jeden Preis umgehen, nötigenfalls mit einer Operation nach der Geburt. Ich traute mich kein Wort gegen diese Scheinwelt zu sagen. Nach außen lebte sie die perfekte Schwangere, hinter geschlossenen Türen war es die größte Last.

Ich hatte mich mittlerweile mehr und mehr von den Unfallfolgen erholt und konnte meinen Tag zunehmend besser bewerkstelligen. Ich war zwar noch auf viel Hilfe angewiesen, wollte das aber so schnell wie möglich ändern. Sie wiederum genoss es, dass ich mehr oder weniger hilflos in vielen Alltagssituationen dastand. Denn so konnte sie meine Abhängigkeit von ihr umso stärker demonstrieren. Als sie eines Tages bei einer Vorsorgeuntersuchung war, versuchte ich erstmals gewisse Dinge allein. Zum Beispiel das Decken des Tisches. Da ich auf zwei Gehstützen angewiesen war, fiel es mir sehr schwer Geschirr und Lebensmittel zu aufzutragen. Um ihr Obst zu bringen, war sie einverstanden, dass ich einen kleinen leeren Joghurteimer zu ihr ins Badezimmer brachte und es dann dort auf einem Teller anrichtete.

Dies war eine verhältnismäßig einfache Übung. Heute jedoch wollte ich den Tisch komplett und allein eindecken. Ich humpelte immer wieder zurück in die Küche und holte Stück

für Stück an Lebensmitteln und Geschirr hinaus an den Esstisch. Immer wieder das lange Wohnzimmer auf und ab.

Ich benötigte beinahe eine Dreiviertelstunde um den Tisch
zu decken. Aber ich hatte es geschafft, allein und ohne Hilfe. Ich war unsagbar stolz auf diese Leistung, zeigte ich mir
doch, dass ich wieder auf dem Weg war eine gewisse Selbständigkeit zu erreichen. Nachdem ich mit diesem Kraftakt
fertig war und mich gerade an den Tisch gesetzt hatte, kam
sie von ihrer Untersuchung wieder zurück.

Sie betrat das Haus, sah dass ich allein und ohne ihr Zutun
den Tisch gedeckt hatte und rastete aus. Sofort schrie sie los:

„Ach, hat das arme Hascherl wohl Hunger gehabt?"
„Ist es dir also gelungen, das Fressen selber zu holen?!"
„So viel Selbständigkeit und Mut hätte ich selbst dir nicht
zugetraut!"
„Das tut dir leid, ehe du einen Bissen gefressen hast!"

Noch während sie schrie, dass es mir leid tun würde, stellte
sie sich vor mich, nahm meine beiden Gehstützen weg und
warf diese wieder aus der geöffneten Haustüre in den Garten. Danach öffnete sie das Fenster und warf alles was sich
auf dem Tisch befand raus. Sie tobte vor Wut, dass ich es
mir erlaubte wieder Unabhängigkeit zu zeigen. Nachdem sie

alles aus dem Fenster geworfen hatte, zwang sie mich vom Esstisch aufzustehen.

Da ich keine Gehstützen mehr hatte, fiel es mir schwer und war auch nur mit Abstützen auf der Stuhllehne möglich. Während ich mich abstützte, zog sie den Stuhl weg, so dass ich unweigerlich zu Boden fiel. Sie zog einen ihrer Schuhe aus und warf diesen mehrere Male auf mich. Immer wieder nahm sie diesen Schuh und warf ihn mir an den Kopf oder an den Körper. Sie schrie unentwegt beleidigende Dinge und spuckte immer wieder auf mich.

„Du wertloses Stück Scheiße traust dich ab sofort nie mehr etwas ohne meine Erlaubnis zu tun!"
„Was hast du dir dabei gedacht, als du mein Geschirr und mein Fressen auf den Tisch geräumt hast ohne mich zu fragen?"
„Spielst hier den armen verletzten Schwächling und sobald ich weg bin verselbständigst du dich!"
„Ab sofort ziehe ich hier andere Seiten auf, darauf kannst du dich verlassen!"

Das sollte noch nicht genug gewesen sein um meine Selbständigkeit zu bestrafen. Sie lief zur Küche und holte ein Geschirrteil nach dem anderen aus dem Schrank. Jedes Teil warf sie durch das gesamte Wohnzimmer direkt zu mir. Sie achtete nicht darauf, dass mich das Geschirr traf, sondern das es einfach nur in meine Richtung flog.

Töpfe, Pfannen, Besteck, Teller und Tassen, alles flog zu mir, neben und auf mich. Teller und Tassen gingen sofort zu Bruch. Töpfe und Pfannen verbeulten, Griffe und Henkel brachen ab. Immer wieder schrie sie dabei aus vollem Hals.

„Du kotzt mich so dermaßen an!"
„Du machst hier was du willst!"

Als die Schränke leer waren, kam sie mit glühend rotem Kopf auf mich zu, schrie mich an, ich solle vom Boden aufstehen und mich hinsetzen. Als ich dies versuchte, zog sie mir an der Hose um mich am Hinsetzen zu hindern. Durch das starke Ziehen zog sie mir die Hose aus. Und warf sie ebenso aus dem Fenster.

Noch einmal kam sie zurück, suchte ihren Schuh, warf diesen erneut mehrere Male auf mich und gab mir einen abschließenden Tritt gegen die Schulter. Danach zog sie ihren Schuh an und verließ das Haus. Sie kam noch einmal kurz zurück und sagte mit leiser und heiserer Stimme, dass sie nun ungefähr zwei Stunden wegfährt und bis sie wieder da ist, alles wieder in Ordnung zu sein hätte.

Ich hatte große Mühe mich aufzurichten. Mein gesamter Körper schmerzte sehr von den erhaltenen Würfen des Schuhs. Auch der Tritt gegen die Schulter setzte mir sehr zu, da ich dadurch stark gehindert war, mich am Tisch hochzuziehen um aufzustehen. Wie ich es in dem Zustand schaffen sollte das Haus zu verlassen und meine Gehstützen im Garten einzusammeln, war für mich vorerst nicht vorstellbar.

Ich konnte meinen Arm nicht bewegen. Der massive Tritt gegen die Schulter war zu stark gewesen. Hilfe konnte ich keine rufen. Ich lag da mit einer unbeweglichen Schulter, ohne Hose, mein Körper voller Speichel von ihr, der beinahe gesamte Hausrat war um mich herum verteilt, beide Gehstützen und die Lebensmittel lagen im Garten.

Diese Situation war keinem zuzumuten. Ich sammelte mich einige Minute und versuchte dann erneut, mich aufzurichten. Die Schulter schmerzte extrem, trotzdem zog ich mich am Tisch hoch und schaffte es, mich auf einen Stuhl zu setzen. Nach einiger Zeit wurden die Schmerzen zwar nicht weniger, aber es stellte sich wieder eine gewisse Beweglichkeit im Arm ein. Den Stuhl als Gehstütze nutzend, lief ich durch das Wohnzimmer bis zur Haustüre, rutschte auf dem Hosenboden die Treppe hinab und gelangte so zu meinen Gehstützen. Dieser Akt hatte mich gut und gerne 45 Minuten gekostet, ich hatte also noch 75 Minuten bis sie wiederkommt.

Ihre Schwangerschaft hinderte sie also nicht an ihren Gewaltausbrüchen. Dieses Wunschdenken war mit diesem Übergriff ausgelöscht.

Ich schaffte es bis zu ihrer Wiederkehr die Spuren wegzuräumen und sie zu empfangen als wäre nichts gewesen. Mein Körper schmerzte überall. Im Laufe des Tages bekam ich unzählige blaue Flecken. Da ich so unmöglich zur Therapie gehen konnte, rief ich im Reha-Zentrum an und meldete mich vorerst ab.

Ich sagte, ich habe mit einem Magen-Darm-Infekt zu kämpfen und könnte dadurch nicht zur Therapie gehen. Diese Variante hielt ich einige Tage aufrecht. Nach neun Tagen ohne Therapie hielt ich und auch sie diese Ausrede für unglaubwürdig. Somit schickte sie mich wieder zur Therapie.

Die blauen Flecke waren noch nicht weg, aber sie hatten an Intensität verloren. Wenn jemand fragen würde, woher diese stammen, sollte ich überzeugend sagen, dass ich bei eigenmächtigen Gehversuchen sehr unglücklich die Treppe hinabgestürzt sei. Ich wäre nochmal mit dem Schrecken davongekommen und hätte, bis auf ein paar blaue Flecken, keine Schäden davongetragen.

Diese Ausrede schien zu wirken, dann nach dieser Erklärung folgten keine weiteren Fragen oder Zweifel der Therapeuten. Die nächste Zeit war davon geprägt, die anstehende Hochzeit vorzubereiten. Nach außen hin sollte diese perfekt wirken. Der Schein musste um jeden Preis gewahrt werden.

Da sie ihre Schwangerschaft nicht mehr verstecken konnte und der Bauch nun dementsprechend dick war, jedoch die von ihr geforderte Hochzeit bald anstand, musste auch ein spezielles Hochzeitskleid angeschafft werden. Es kam nur ein eigens angefertigtes Kleid in Frage. Sie hatte genaue Vorstellungen und diese mussten haargenau so umgesetzt werden.
In einem Brautmodegeschäft in der Stadt ließ sie Maß nehmen und sich ein Kleid nach ihren Wünschen schneidern. Dies schlug mit über 3.000 Euro zu Buche. Aber wie schon bei so vielen anderen Dingen spielte Geld für sie keine Rolle. Das Geld wurde am Tag der Abholung bar bezahlt. Ebenso oblag es ihr allein zu entscheiden, was ich an diesem Tag anzuziehen habe. Ohne gefragt zu werden, legte sie mir einen Anzug vor, der ihrer Meinung nach perfekt zu mir und ihr passt und den ich anzuziehen habe.
Im Vergleich zu ihrem Kleid war dieser Anzug mit 1.200 Euro ein regelrechter Sonderposten. Die Hochzeitsfeier musste für die anwesenden Gäste den perfekten Schein einer freiwillig und glücklich geschlossenen Ehe darstellen. Niemand ahnte auch nur im Ansatz, was sich tagtäglich abspielte und unter welchen Voraussetzungen diese Hochzeit statt-

finden würde. Eine perfekte Fassade zu bieten beherrschte sie bis zur Perfektion. Dies brachte sie mir ebenso bei. Und ich lernte es erschreckend gut von ihr.

Damit sie diese Feier nicht aus eigener Tasche bezahlen musste, überschlug sie die zu erwartenden Kosten, formulierte in den verschickten Einladungsschreiben explizit den Satz, dass man ausschließlich Geldgeschenke wolle und lud so viele Leute ein, dass der gedachte Betrag zusammen kam. Die Organisation und die Einladung zur Hochzeit konnte ihr nicht schnell genug gehen.

Nur wenige Wochen nach dem „Befehl" sie zu heiraten fand die Feier statt. Allen wurde eine perfekte Show vorgespielt. Und es schien so, als ob alle uns diese Show abkauften. Ob jemand das böse Spiel durchschaute, war mir zu diesem Zeitpunkt nicht bekannt.

Noch am Vorabend zur eigentlichen Hochzeit drohte sie auszurasten, wenn der benötigte Betrag zur Deckung der Kosten nicht erreicht würde. Wie ein Ausrasten aussehen würde wusste ich, da ich diese Ausraster unzählige Male miterleben und spüren musste.

„Gnade dir Gott, wenn es deine elende, verfickte Sippe nicht auf die Reihe bekommt genügend Geld zu schenken!"
„Sollte es deine Familie nicht schaffen den benötigten Betrag als

Geschenk aufzubringen, so liegt es an dir, ihnen das noch am selben Tag beizubringen und das Geld zu fordern!"

"Glaubst du wirklich ich lade auch nur einen aus deiner Familie ein, weil ich ihn sehen will?"

"Ich lade diese Idioten alle nur ein, damit genug Kohle zusammen kommt, soweit solltest du mich mittlerweile kennen!"

Ihre Intention war deutlich zu erkennen. Sie wollte eine Feier nach Ihren Vorstellungen, die Gäste hatten gefälligst dafür aufzukommen. Wer übernachten wollte, konnte dies auf eigene Kosten gern tun.

Dafür aufzukommen sah sie nicht ein. Die Trauung fand in einem kleinen Landschloss statt. Die eigentliche Feier in einem schicken Landgasthof, welcher nur wenige Autominuten entfernt lag. Noch vor dem Traualtar brach ich in bitterliches Weinen aus.

Die anwesenden Gäste deuteten dies als eine emotionale Regung auf Grund des schönen bevorstehenden Ereignisses der Trauung. In Wirklichkeit erkannte ich, in welcher ausweglosen Situation ich mich befand.

Am liebsten hätte ich „nein!" gerufen und wäre laut schreiend davongelaufen. Diese Möglichkeit nutzte ich nicht, sondern antwortete tapfer und brav mit „ja" auf die Frage der

Standesbeamtin, ob ich diese hier anwesende Frau zu meiner Gattin nehmen wolle, bis das der Tod uns scheidet.

Auch sie antwortete mit einem „Ja" und die Hochzeitsgesellschaft klatsche und freute sich für uns. Vielleicht wäre jetzt die wirklich letzte Möglichkeit für die große Hand vom Himmel gewesen. Sie hätte mich entführen können, weit weg, wirklich weit weg. Es kam keine Hand.

Geburt und Familienalltag

Ich hatte mittlerweile meine Gehstützen ablegen können und bewegte mich wieder halbwegs freihändig durch den Tag. Die Behandlung war weitestgehend abgeschlossen und die Versicherung hatte weiter regelmäßige Zahlungen geleistet. Bis jetzt wurde eine Summe von rund 180.000 Euro bezahlt.

Eine irrsinnig hohe Summe, die dieser Anwalt für mich oder vielmehr meine Ehefrau erstritten hatte. Ich hatte von diesem Geld bisher keinen Cent in der Hand gehabt, geschweige denn etwas davon kaufen können. Meine beim Unfall zerstörten Dinge, wie zum Beispiel meine Brille, wurden zwar von der Versicherung erstattet, das Geld erhielt jedoch sie.

Ich, oder besser gesagt sie, bezahlte meine neue Brille von meinem Krankengeld. Die Geldgeschenke der Hochzeit deckten zum Glück die Ausgaben für die Feier, so dass mir größere Gewaltübergriffe sowie die Bitte um Geld am Ende der Feier erspart blieben.

Es war ein sehr warmer Sommer und sie litt sehr unter den Strapazen der Schwangerschaft. Ihre regelmäßigen Gewaltübergriffe begünstigten ihr Unwohlsein noch zusätzlich. Trotz Schwangerschaft artete ihre Unzufriedenheit regelmäßig in Gewaltattacken aus. Das Muster war jedes Mal dasselbe. Mittlerweile erfolgten ihre Ausbrüche mehrmals die Woche.

Es war ein sehr warmer Tag Ende Juli. Wir waren gerade einkaufen und sie fühlte sich plötzlich unwohl. Das Unwohlsein nahm rasch zu und wir fuhren vorsorglich ins Krankenhaus. Für eine Geburt war es mehr als einen Monat zu früh, dennoch hatte sie das Gefühl, die Geburt steht bevor.
Im Krankenhaus angekommen, wurde sie sofort untersucht. Der Arzt sagte, sie hätte eine sogenannte „Schwangerschaftsvergiftung". Das Kind müsste sofort per Kaiserschnitt geholt werden, um weitere Schäden für das Kind und die Mutter zu vermeiden. Schnell war sie vorbereitet und lag im Operationssaal. Nach wenigen Momenten erblickte ein kleiner Junge das Licht der Welt. Das Kind kam sofort nach der Geburt zur Untersuchung. Ich wurde wenig später dazu geholt. Wie man sagte, wäre das Baby wohl auf. Es hätte jedoch eine Neugeborenengelbsucht, welche aber gut behandelbar wäre und schnell abklingen würde. Ich durfte das Baby waschen und zu mir nehmen. Als sie aus dem Operationssaal zurückkam, wollte sie das Baby nicht sehen. Sie wäre zu geschafft und zu müde. So verbrachte das

kleine Wesen seine erste Nacht bei mir. Wir schliefen friedlich und zufrieden zusammen ein. Am nächsten Tag sah sie das Baby zum ersten Mal.

Sie zeigte sich nicht sonderlich ergriffen. Zwar freute sie sich, aber die mütterlichen Gefühle die man von Müttern kennt blieben aus.

Sie trug mir das Baby aus. Mehr war es nicht. Sie trug es aus und es hatte nur die Chance zum Leben bekommen, da ich einer Heirat zustimmte. Ab dem Moment der Geburt betreute ich das Baby rund um die Uhr. Ich wechselte regelmäßig die Windeln, wusch es und gab ihm Nahrung aus der Flasche, da sie ja das Stillen verweigerte.

Ich war der Mutterersatz , obwohl es eine Mutter hatte. Nach außen hin spielte sie natürlich die überglückliche Mutter. Jedem Besuch schwärmte sie die wundervolle Mutter vor. Überglücklich und höchst sorgsam gab sie sich anderen gegenüber. Ihr Facebookprofil lief über vor Fotos und Liebesbekundungen.

Dass ich 24 Stunden am Tag für das Baby sorgte, wusste niemand. Sie genoss die Umsorgung, die sie erhielt und ich wachte Tag und Nacht über das Baby. Wir bekamen ein Familienzimmer im Krankenhaus und somit konnte ich die Zeit während des Krankenhausaufenthaltes dort bleiben. Nach der Entlassung aus dem Krankenhaus umsorgte ich das Baby zuhause rund um die Uhr. Damit sie in Ruhe schlafen konnte, schliefen der Kleine und ich im Wohnzimmer. Sie verbrachte ihre Zeit mit stundenlangen Vollbädern und Schlafen.

Das Kleine benötigte meine volle Aufmerksamkeit und Fürsorge. Dadurch blieben viele Dinge liegen. Dies passte ihr gar nicht in den Kram. Zu oft rastete sie aus, da ihre Wünsche unerfüllt blieben.

Ihre Gewaltübergriffe gegen mich nahmen nun eine neue Eskalationsstufe an, denn sie übte nun ihre Gewalt an mir aus, trotzdem ein Neugeborenes zugegen war.

Da im Haushalt viel liegen blieb, stellte sie ihre Tante wieder als Haushälterin an. Ich hatte mich durchgehend um das Baby zu kümmern und ihre Tante erledigte die wichtigsten Dinge im Haushalt. Ich war offiziell noch arbeitsunfähig und sie in Mutterschutz bzw. Elternzeit. Die Elternzeit leistete aber tatsächlich ich, da sie sich nicht im Geringsten um das Baby kümmerte. Sie zeigte auch kein Interesse an der Entwicklung des Kleinen. Sobald Besuch erschien, gab sie sich liebevoll und umsorgend. Sobald der Besuch das Haus wieder verließ, widmete sie sich wieder sich selbst. Sämtliche U-Untersuchungen tätigte ich mit dem Kleinen allein. Das jedoch vieles an handwerklichen Dingen liegen blieb, machte sie zunehmend wütender. So kam es, dass sie das

Baby mit gerade einmal neun Wochen regelmäßig zu meinen Eltern bringen ließ. Meistens über das Wochenende.

Somit gab es ein Zeitfenster, in dem sie mich wieder für ihre Umbaumaßnahmen einplanen konnte. Freitag, Samstag und Sonntag genügten ihr vorerst. Da es noch ein warmer Spätsommer war und auch der anschließende Herbst sehr mild verlief, nutzte sie diese Gelegenheit die Fenster im gesamten Haus sowie die Heizungsanlage austauschen zu lassen.

Um mehr Geld für ihre privaten Wünsche übrig zu haben, mussten die Fenster sowie die Heizungsanlage in Eigenleistung entfernt werden. Tag und Nacht verbrachte ich damit, die alten Fenster zu entfernen und die entstandenen Öffnungen provisorisch zu schließen.

Zwei bis drei Tage zeitversetzt wurden die Öffnungen dann mit neuen Fenstern versehen. Maßgefertigte Kunststofffenster, dreifach verglast und mit massiven Außenjalousien, mussten es sein. Bar bezahlt am Tag der Anlieferung. Die Handwerker lieferten die Fenster und erhielten 19.000 Euro auf die Hand.

Nachdem die Fenster ausgetauscht wurden, musste nahtlos die Heizungsanlage modernisiert werden. Es befand sich eine alte Schwerkraftheizung aus den 1960er Jahren im Haus. Diese wollte sie durch einen modernen Holzvergaserofen ersetzen. Inklusive neuer Heizkörper, neue Pumpen und neue Warmwasserspeicher.

Für den Fall, dass der Holzvergaserofen mal nicht befeuert werden konnte, zum Beispiel durch längere Abwesenheit bei der Arbeit, musste ein selbständig arbeitendes System als Reserve installiert werden. Somit kam noch ein Holzpellet-Ofen dazu. Ebenso ein Behälter für Holzpellets und eine passende Förderungsanlage.

Die alte Heizungsanlage musste ich, soweit möglich, selbst demontieren. Das sparte Geld für private Wünsche von ihr. Es war eine Knochenarbeit.

Ob dies meinen gerade erst genesenen Knochen und Gelenken sowie meinen Implantaten bekam, war fraglich. Die Zeit saß mir im Nacken. Die neue Heizungsanlage würde bald geliefert werden, die Tage wurden zunehmend kälter und die Zeit ohne das Baby war stets sehr begrenzt. Solange sie bekam, was sie wollte, wirkte sie milde gestimmt. Wenn das Geld floss, die Arbeiten nach ihren Wünschen erledigt wurden und sie stets Neuerungen zu verzeichnen hatte, war sie zufrieden. Die Zufriedenheit zeigte sich darin, dass es währenddessen keine Gewaltübergriffe gab. Es war denkbar einfach.

Alles geht nach ihrem Willen und es gibt keine Schläge. Ein Familienalltag mit einem Neugeborenen sieht im überwiegenden Teil der Familien sicher anders aus.

Sie trug mir das Kind aus, überließ mir die ersten Wochen der Fürsorge gänzlich allein und gab das Kind nun so oft es ging weg, um ihre Wünsche am Haus zu realisieren.

Die Heizungsanlage wurde geliefert und wie erwartet lag das Geld für diese Anlage in bar auf dem Tisch. 33.000 Euro in bar. So hatte sie es mit der Heizungsbaufirma vereinbart. Sie wollte stets alle Aufwendungen in bar bezahlen.

Dies war Grundvoraussetzung einer jeden Maßnahme. Zeigte sich ein Handwerker damit nicht einverstanden, wurde dieser Handwerker aussortiert. Nur Bargeld zeigte, so ihr Verständnis, wie wohlhabend und gut situiert sie sei. Sie wollte es so.

Der Zufluchtsraum

Im Laufe des Jahres wurden Fußböden, elektrische Anlage, Fenster und Heizungsanlage erneuert. Von den 180.000 Euro Schmerzensgeld war so gut wie alles verbraucht. Das Geld musste noch für viele private Wünsche genutzt werden. Kleidung über Kleidung, Schmuck, Kosmetik und Friseur summierten sich innerhalb einiger Monate auf mehrere tausend Euro.

Ich hatte keinerlei Überblick über die Ausgaben, ich konnte diese lediglich schätzen. Das Geld verwaltete ausschließlich sie allein. Ich bekam ab und zu eine Art Taschengeld für Erledigungen und Einkäufe. Kleidung für das Baby bekam sie von Bekannten gebraucht geschenkt oder sie kaufte es bei den Kleinanzeigen. Nur wenige notwendige Dinge kaufte sie neu.

Priorität hatten ihre Wünsche. Wurden uns neue oder teure Dinge für das Baby geschenkt, so verkaufte sie diese bei den Kleinanzeigen und nutzte das Geld für ihre Wünsche. Solang ich dies ohne Widerworte ertrug, hatte ich weitestgehend meine Ruhe. Nun kam sie mit einem neuen Bauvorhaben zu mir. Im unteren Bereich des Hauses befand sich ungenutzter

Raum. Es waren drei Räume, insgesamt circa dreißig Quadratmeter. Diese dienten momentan als Abstellmöglichkeit. Der so vergeudete Raum sei ihr zu schade.

Man könnte diesen ungenutzten Raum doch als eine Art Gästewohnung herrichten. Diesen könne man dann zum Beispiel Handwerkern, die sich auf Montage befinden, anbieten und somit eine zusätzliche Einnahmequelle generieren.

Die Vorstellungen waren sehr schnell und sehr klar formuliert. Neuer Fußboden, eine kleine Küche, eine Dusche mit WC sowie das Nötigste an Möbeln und Einrichtungsgegenständen wären schnell versorgt und eingebaut. Die Kosten überschlug sie mit reichlich 10.000 Euro und die Realisierung sollte, mit Hilfe von Handwerkern, in wenigen Wochen erfolgen. Meine Meinung war wie gehabt nicht gefragt. Ich hatte dem zuzustimmen.

Ich traute mir seit Monaten keine Widerworte mehr zu geben oder Zweifel zu äußern, denn diese wurden ausnahmslos mit Schlägen beantwortet. Die benötigten Dinge wurden noch in derselben Woche eingekauft. Gipskartonplatten samt Zubehör, eine Duschkabine, ein WC mit Zubehör, eine Miniküche, Fußbodenbeläge, ein Bett, Schrank, Tisch und Stühle sowie ein Fernseher und andere Kleingeräte waren schnell gekauft.

Mit reichlich 5.000 Euro, so fand sie, lag sie noch unterhalb ihres geplanten Budgets. Für Handwerkerkosten hatte sie über die Zeit ein erschreckend genaues Gefühl entwickelt. Sie konnte, bis auf wenige hundert Euro, genau einschätzen was eine geplante Maßnahme kosten würde. Die zu erledigenden Maßnahmen überschlug sie mit reichlich 2.500 Euro. Nach der Abgabe des Kostenvoranschlages des Handwerkers sah ich, dass diese Schätzung absolut richtig war. Somit kostete die Errichtung der Gästewohnung reichlich 7.500 Euro, und ihr blieben noch 2.500 Euro für extra Wünsche übrig.

Denn wenn sie gedanklich Geld verplante, so musste dies auch ausgegeben werden. Kostete eine Maßnahme weniger, wurde das gesparte Geld nicht etwa beiseite gelegt, sondern in andere Dinge investiert. In neun von zehn Fällen investierte sie es in ihre privaten Wünsche, die zumeist aus Kleidung und Goldschmuck bestanden.

Die neu errichtete Gästewohnung sollte nie einen fremden Gast empfangen. Dies zeigte sich sehr bald und sehr deutlich. Ich fuhr mit dem Baby einkaufen und brachte ihr eine kleine Aufmerksamkeit mit. Aufmerksamkeiten mussten bei jedem Einkauf mitgebracht werden, sonst endete es in einem erneuten Wutausbruch von ihr. An diesem Tag kaufte ich bei einem Blumenladen eine niedliche kleine Gerbera.

Diese Blume war stets meine Lieblingsblume, da sie aussah wie Kinder eine Blume zeichneten. Ich ließ die Blume noch mit etwas Grün schick herrichten und erfreute mich selbst an diesem schönen Anblick. Zuhause angekommen stellte ich die Blume in eine Vase und danach auf den Tisch.

Ein wirklich schönes Bild, welches sich da ergab. Darüber würde sie sich bestimmt freuen. Wenn ich ihr dazu noch ihr geliebtes Obst zubereiten würde, dann wird es ein ruhiger Abend ohne Wutausbrüche von ihr zu befürchten. Sie kam nach Hause, sah die Blume, warf ihre Tasche wütend und mit Schwung gegen die Blumenvase und warf diese dadurch zu Boden.

„Würdest du mich lieben und würdest du diese Aufmerksamkeit ernst meinen, so hättest du eine Blume gekauft die mir gefällt – und nicht dir!"

Mit diesen Worten begann ihr erneuter Wutausbruch. Sie trat nochmal gegen die Blumenvase und zerstörte die am Boden liegende Blume.

„Was wolltest du Idiot mit dieser Blume erreichen?"
„Meinst du wirklich, damit kannst du meine Stimmung beeinflussen?"

„Dieses lächerliche Ding kannst du dir in deinen einfallslosen Arsch schieben!"

Ich legte das Baby in sein kleines Bett, während sie lautstark durch das Haus brüllte. Die Anwesenheit des Babys kümmerte sie nicht. Unentwegt schrie sie durch das Haus und trat immer wieder gegen die Blumenvase. Dann hob sie die Blumenvase auf, die noch immer nicht zerbrochen war, und warf diese zu mir. Die Vase traf mich an der rechten Hand und hinterließ eine stark blutende Wunde.

Ich hielt mir sofort die Hand und versuchte diese zu schützen. Diese ungeschützte Haltung nutzte sie sofort, um mich mit Schlägen ins Gesicht zu provozieren. Immer wieder schlug sie mir ins Gesicht und spuckte mich dabei an. Bei all ihren Übergriffen waren Schläge ins Gesicht ihr bevorzugtes Mittel. Ich versuchte meine Hände vor mein Gesicht zu halten. Sofort schlug sie auf meine verletzte Hand. Sie wusste genau, womit sie die Schmerzen vergrößern konnte.

„Na, was willst du bedauernswertes Stück Dreck denn nun machen, hmm?"
„Wehr dich doch einmal wie ein Mann, du Lusche!"

Sie griff zu einem Holzspielzeug vom Kleinen, eine etwas

größere Holzeisenbahn, und schlug damit unentwegt auf mich ein. Die Einwirkungen der Schläge brachten mich zu Fall. Die Hände schützend über meinem Kopf, lag ich am Boden und ließ ihre Angriffe wehrlos über mich ergehen. Meine Hand blutete weiterhin sehr stark und ich spürte einen brennenden Schmerz. Nach einigen Minuten hörte sie mit ihren Handlungen auf.

Ich richtete mich auf und setzte mich wortlos auf die Couch. Sie lief ins Badezimmer und drehte das Wasser auf, um sich ein Bad einzulassen.

Diesen Moment nutzte ich und lief geistesgegenwärtig in die neu errichtete Gästewohnung und schloss von innen die Türe ab. Dies bemerkte sie umgehend und sie lief ebenso zur Gästewohnung. Da die Türe verschlossen war, schlug sie mit einem mir unbekannten Gegenstand gegen die Türe.

Nach nur wenigen Sekunden hörte sie damit auf. Sie sagte leise und mit ironischer Stimme, dass ich es hier unten eh nicht lange aushalten würde. Danach ging sie in den Keller und schaltete alle Sicherungen für diese Gästewohnung aus. Ebenso drehte sie Warm- und Kaltwasser ab. Ich saß im Dunkeln, ohne Wasser und ohne die Möglichkeit die Toilette zu benutzen, in der Gästewohnung fest. Sie hatte recht, lange würde ich es hier nicht aushalten. Die Fenster der unteren Etage waren mit Gittern versehen, um vor Einbruch zu schützen. Ein Entkommen aus dem Fenster war also ebenso unmöglich.

Ich war selber in eine Falle gelaufen. Aber ich war vorerst vor ihr sicher. Ich verband mir meine Hand mit einem sauberen Wischtuch, welches in der kleinen Küche lag, und setzte mich auf das Bett. Die Hand blutete stark, und binnen weniger Augenblicke war auch das Wischtuch rot getränkt. Ich schaute vorsichtig unter das Wischtuch und betrachtete meine Hand.

Ich sah eine zwei Zentimeter große klaffende Wunde. Hier half kein Pflaster, das sah ich auch als Laie. Diese Wunde musste ärztlich versorgt und womöglich genäht werden. Hilfe suchend verließ ich meinen Schutzraum und ging zurück in das Wohnzimmer.

Wie nach jedem ihrer Übergriffe hatte sie sich wieder beruhigt und schaute TV. Das Baby lag noch immer in seinem Bett, sie beachtete es nicht. Ich zeigte ihr die Wunde und sagte, dass diese dringend behandelt werden musste. Schweigend nickte sie und wir fuhren ins Krankenhaus.

Das Baby nahmen wir mit. Der behandelnden Ärztin sagte ich, ich habe mich beim Holzhacken verletzt. Ich sei ein Tollpatsch und habe nicht aufgepasst. Sie reinigte die Wunde und schloss diese mit drei Stichen. Wir fuhren wieder zurück nach Hause und es fiel an diesem Tag kein Wort mehr von uns beiden. Sie badete gute drei Stunden und ich kümmerte mich um das Baby.

Als sie die Badewanne verlassen hatte, zog sie sich an und verließ das Haus. Sie hätte jetzt Lust zu ficken und ich Niete würde es doch sowieso nicht mehr bringen, deswegen würde sie nun in den Swingerclub fahren. Ich solle doch bei meinem nächsten Einkauf daran denken, neues Badeöl zu kaufen, ihres wäre soeben alle geworden. Ich schrieb ihren Wunsch auf den Einkaufszettel und sie fuhr zum Ficken.

Noch bevor sie wegfuhr kam sie nochmal kurz zurück, ging in das Zimmer des Kleinen, nahm sich zwei 50 Euro Scheine aus seiner Spardose und verließ das Haus für diesen Abend endgültig. Ich kannte diese Ausflüge. Vor früh um fünf oder sechs Uhr kam sie meistens nicht aus dem Swingerclub zurück. Dies war stets ein Gefühl, welches ich bis heute nicht beschreiben kann.

Als das Baby schlief nutzte ich die Zeit, um heimlich einige Dinge in die Gästewohnung, meinen Zufluchtsort, zu schaffen. Es waren einfache Dinge wie Taschentücher und Feuchttücher, eine Taschenlampe, zusätzliche Batterien, Kerzen und Streichhölzer, zwei Packungen Knäckebrot, zwei große leere Flaschen mit Deckel, drei große Einwegflaschen die ich mit Wasser füllte und drei frische Unterhosen. Diese Dinge erschienen mir vorerst genug. Ich versteckte diese Dinge gut in der Gästewohnung und legte mich danach zum Baby und schlief ein. Wie erwartet kam sie gegen sechs Uhr morgens zurück.

Sie ging direkt in das Schlafzimmer und legte sich schlafen. Auf ihrem Facebookprofil postete sie am Abend zuvor gegen 19 Uhr ein Foto vom schlafenden Baby. Dazu schrieb sie „Familienglück" und markierte mich in diesem Beitrag. Ich quittierte diesen Post mit einem Herzchen. Noch am selben Abend lag ich mit einer genähten Wunde an der Hand neben dem Baby und sie vergnügte sich im Swingerclub. Mit Geld aus der Sparbüchse des Kleinen.

Wahres Familienglück.

Das neue Telefon

Bei ihrer letzten Gewaltattacke, ausgelöst durch mein vergessenes Vorsorgen, ging ein Mobilteil unserer Telefonanlage kaputt. Da ihr unsere Anlage mit drei Mobilteilen sowieso schon länger nicht mehr gefiel, beauftrage sie mich am Tag nach der Zerstörung des Telefons mit dem Neukauf.

Sie hatte, wie bei allen Dingen, genaue Vorstellungen welches Telefon sie wollte. Sie hatte sich dies bereits im Internet ausgesucht. Da sie es aber sofort wollte, musste ich es im Elektronikmarkt in der Stadt kaufen.

Sie hatte sich bereits vorab informiert, das gewünschte Modell war dort verfügbar. Ich fuhr hin, um das Telefon zu kaufen. Trotz ihrer Vorab-Information war das Gerät bei meinem Eintreffen allerdings nicht mehr verfügbar. Stattdessen wurde mir ein Gerät aus der gleichen Modellfamilie empfohlen. Bis auf ein farbiges Display hatte dieses Gerät denselben Funktionsumfang. Da es sogar noch reichlich 90 Euro günstiger war, kaufte ich es ohne mit ihr Rücksprache zu halten. Ein Fehler den ich sehr schnell bitter bereuen sollte. Ich bezahlte das Gerät und fuhr auf dem direkten Weg zurück nach Hause. Sie empfing mich bereits in freudiger Erwartung.

Sehr schnell bemerkte sie, dass dies hier nicht ihr gewünschtes Modell war. Es fehlte das für sie ausschlaggebende Merkmal – das Farbdisplay. Noch auf dem Platz vor dem Haus, wo sie mich empfangen hatte, warf sie mir das Telefon mit Zubehör vor die Füße. Ihr Kopf färbte sich augenblicklich rot. Sie tobte vor Wut und Enttäuschung über das falsche Telefon.

„Bist du elende dumme Sau denn wirklich zu gar nichts nütze?"
„Ich habe dir genau gesagt was ich haben will. Nur das will ich, nichts anderes!"
„Du bist selbst zum Scheißen zu dumm!"
„Dumm, dumm, dumm. Einfach nur dumm!"
„Dir Nichtsnutz werde ich dermaßen die Fresse zerschlagen, dass du es dir endgültig merkst wer hier das Sagen hat!"

Ich stand da wie versteinert und ließ ihre Beleidigungen über mich ergehen. Gerade als sie ausholte um mir wie gewohnt ins Gesicht zu schlagen, rannte ich so gut es ging los und lief in Richtung der unteren Eingangstür, da sich dort die Gästewohnung befand. Ich lief durch das Kellergeschoss zur Gästewohnung. Die Tür war verschlossen. Wieso? Das konnte und durfte nicht wahr sein. Die Tür war verschlossen.
Ich kehrte um und lief wieder in Richtung des unteren Aus-

gangs. Dort erwartete sie mich bereits. Sie hielt eines der eben gekauften Mobilteile in der Hand. Augenblicklich begann Sie, mit dem Mobilteil auf mich einzuschlagen als hätte sie einen Faustkeil in der Hand. Sie schrie in voller Lautstärke, dass ich zu nichts taugen würde.

Beim dritten oder vierten Schlag zerbrach das Mobilteil. Vor Wut kochend warf sie es zu Boden und trat das kaputte Mobilteil noch gänzlich kaputt. Ich blutete bereits an der Wange, da der beim ersten Schlag gerissene Batteriedeckel einen langen blutenden Kratzer im Gesicht verursachte. Sie provozierte auf die selbe Art, wie sie es immer tat. Sie schrie, beleidigte, spuckte und schlug mich direkt ins Gesicht.

Diesmal tat ich etwas, was ich bisher nie getan hatte. Ich schrie zurück. Aus voller Kraft schrie ich, dass sie mich in Ruhe lassen sollte. Außerdem schrie ich unentwegt um Hilfe. Immer wieder schrie ich „HILFE! HILFE! HILFE!". Dies verwunderte sie zunehmend. Dennoch: Je mehr ich um Hilfe schrie, umso wütender wurde sie. Bei meinem zweiten Versuch, lautstark um Hilfe zu rufen nahm sie kurz Anlauf, kam schnellen Schrittes auf mich zu, packte mich am Kopf, zog diesen zu sich und schlug mit ihrer Stirn gegen meine Nase. Ich verlor augenblicklich das Bewusstsein und fiel zu Boden.

Nach einigen Momenten kam ich wieder zu mir und spürte sofort einen unerträglichen Schmerz im Gesicht und am ganzen Kopf. Ich schmeckte Blut und sah, wie meine Hände voller Blut waren, nachdem ich mir ins Gesicht gefasst hatte. Mich befiel ein unerträglicher Schwindel und ein zunehmendes Taubheitsgefühl in der Nasenregion. Das Atmen fiel mir schwer und der Mundraum füllte sich immer wieder mit Blut. Ich setzte mich so gut es ging aufrecht und rang nach Luft. Das Blut lief mir regelrecht aus dem Gesicht und färbte meine Kleidung überall rot.

Sie erkannte, dass ich dringend Hilfe benötigte und setzte mit ihrem Handy einen Notruf ab. Sie legte mir zwei Handtücher, welche sie schnell herbeiholte, auf den Schoß. Dann kniete sie sich vor mich, sagte mit leiser aber eindringlicher Stimme, dass ich soeben durch meine Unachtsamkeit mit dem Gesicht auf die Treppenschwelle gestürzt bin. So und genau so soll ich es dem Rettungspersonal sagen.

Nach wenigen Minuten erschien ein Rettungswagen. Sie brach wie auf Knopfdruck in Tränen aus und empfing die beiden Sanitäter dementsprechend aufgelöst und weinend. Ihr Mann wäre gestürzt und unglücklich auf die Treppenschwelle gefallen. Dabei hätte er sich starke Verletzungen zugezogen. Und genau so fanden die beiden Sanitäter mich dann auch vor. Ich gab diese Version genau so wieder.

Sie versorgten mich im Krankenwagen und fuhren mich dann geradewegs ins Krankenhaus. Dort wurde ich geröntgt und eingehend untersucht. Schnell stand fest: ich hatte eine mehrfach gebrochene Nase. Der Sturz muss wirklich massiv und unglücklich gewesen sein.

Die Verletzungen brachten eine stationäre Aufnahme mit sich. Die Versorgung der Brüche, es waren zwei, und die Nachbehandlung war nur stationär zu bewerkstelligen. Damit hatte sie nicht gerechnet. Aber nicht der Umstand, dass ich so schwer verletzt wurde, machte ihr zu schaffen.

Sondern eher der Umstand, dass ich als ihr Diener und ihre Arbeitskraft ausfiel und sie mit dem Baby alleine war.

Sie diskutierte sehr lange mit der Stationsärztin am Telefon, ob eine stationäre Aufnahme wirklich notwendig sei. Die Ärztin erklärte immer wieder, dass die Aufnahme unabdingbar sei und sie bitte aufhören solle, zu diskutieren. Soweit ich es mitbekam, war es ein sehr aufgeregtes Gespräch. Die Ärztin beendete dieses Gespräch mit den Worten, dass sie sich noch um Patienten kümmern müsse und sich somit entschuldige. Im Vorbeigehen sagte sie mir noch, dass ich eine sehr temperamentvolle Frau hätte und wünschte mir alles Gute. Ich hatte keine temperamentvolle Frau. Ich hatte das Böse an meiner Seite.

Und ich sah keinen Ausweg aus dieser Situation. Es wäre ein

Leichtes gewesen, im Krankenhaus die Wahrheit zu sagen und um polizeiliche Hilfe zu bitten. Meine Angst war jedoch viel zu groß, das zu tun. Ich blieb bei meiner Geschichte und ließ das Krankenhaus weiter in dem Glauben, ich sei unglücklich gestürzt und auf das Gesicht gefallen. Ich wäre doch so ein Tollpatsch.

Das Geld wird knapp

Nach meiner schweren Verletzung der Nase Ende des Jahres gab es vorerst keine Übergriffe mehr, die im Krankenhaus endeten. Es blieb bei schmerzhaften Schlägen und Tritten, die keiner ärztlichen Versorgung bedurften. Beleidigungen, Diffamierungen und psychische Misshandlungen waren für keinen sichtbar, somit stets ihre erste Wahl. Bisher endeten ihre Gewaltübergriffe dreimal mit einem Besuch im Krankenhaus.

Die alltäglichen Attacken fanden jedoch regelmäßig statt. Jede Nichtigkeit wurde mit Anschreien, Anspucken, Beleidigen, Demütigen und Erniedrigen, Schlägen, Tritten und fliegenden Gegenständen bedacht.

Es gab kein Erkennungsmuster, was sie zur Wut brachte. War es ihr zu warm, zu kalt, war das Essen zu heiß, gefiel das Fernsehprogramm nicht, wurde eine Aufgabe nicht schnell oder gut genug erledigt, gab es auf Arbeit Probleme oder stand ihr einfach der Sinn danach, bekam ich ihren Unmut zu spüren. Ich hatte keinerlei Chance, präventiv vorzugehen, um Angriffe von ihr zu vermeiden.

Je mehr ich mich anstrengte, alles richtig zu machen, umso

mehr Fehler passierten mir, was wiederum mit Gewalt quittiert wurde. Ihre Übergriffe waren Alltag.

Der Kleine bekam den überwiegenden Teil ihrer Launen immer bewusster mit. Das er zugegen war, hielt sie nie davon ab, ihren „Gefühlen" freien Lauf zu lassen. Ich versuchte so oft es ging den Kleinen aus der Situation zu nehmen und ihn bei einer Anbahnung ihrer Wut in sein Bett zu legen.
Selten gelang es mir, da ihre Wut sehr oft von einer Sekunde auf die nächste entstand.

Die reichlich 180.000 Euro erhaltenes Schmerzensgeld waren mittlerweile komplett aufgebraucht. Unzählige Modernisierungen und Umbauten fanden im Haus statt. Einige Dinge wurden kurz nach ihrer Errichtung wieder entfernt und durch etwas anderes ersetzt. Ihre Zufriedenheit über neue Anschaffungen währte immer kürzer. Die Sucht nach immer neuen Dingen wuchs stetig. Nur weitere neue Dinge zogen die Aufmerksamkeit der Leute auf sie, nur dadurch bekam sie ihre so dringend benötigte Befriedigung. Befriedigung durch staunende Blicke, durch Neid der anderen, durch Angeben mit materiellem Besitz. Diese Sucht bestimmte ihr Leben. Alles musste stets so sein, wie sie es wollte. War dies nicht der Fall, trug einzig und allein ich die Verantwortung dafür – was mit Gewaltübergriffen geahndet wurde. Die laufenden Einnahmen aus den beiden Gehältern und meiner mittlerweile bewilligten Unfallrente konnten die monatlichen Ausgaben kaum noch decken.

Das Konto verfügte über einen Dispositionskredit von 7.500 Euro. Selbst dieser war binnen zwei Monaten nach Inanspruchnahme am Limit. Die monatlichen Geldeingänge brachten das Konto nur noch auf Null, danach lief es wieder bis zur Grenze ins Minus. Ihre Wünsche nahmen in rasender Geschwindigkeit immer größere Ausmaße an.

Sie dachte jedoch keinen Moment daran, ihre Wünsche zu drosseln. Stattdessen suchte sie nach immer neuen Möglichkeiten Geld zu beschaffen. Die einfachste Möglichkeit stellten Kredite dar. Da wir beide über ein überdurchschnittliches Einkommen verfügten, suchte sie im Internet nach einem Anbieter mit den für sie besten Konditionen und beantragte kurzerhand ein Darlehen zur freien Verfügung. Als Kreditnehmer gab sie uns beide an.

Sie schloss einen Darlehensvertrag über 30.000 Euro. Nach kurzer Zeit erfolgte die Auszahlung des Betrages und sie wirkte augenblicklich milde gestimmt. Ihre Grundlaune wechselte schlagartig in Euphorie und sie begann sofort damit, das Geld für noch ausstehende Wünsche zu verplanen.

Es sollten umfassende Baumfällarbeiten im eigenen Wald,

der sich auf dem Grundstück befand, durchgeführt werden. Ebenso schwebten ihr größere Arbeiten im Außenbereich des Grundstückes vor.

Ein neuer Pool mit einer befestigten Terrasse dazu, eine neue Wegbeleuchtung und ein neues elektrisch betriebenes Eingangstor stellten nur einige der anstehenden Arbeiten und zu erfüllenden Wünsche dar. Die geborgten 30.000 Euro waren ebenso schnell verplant wie sie beantragt und ausgezahlt waren. An Rücklagen wurde zu keiner Zeit gedacht.

Dieses unfassbar schnelle Verbrennen von Geld bereitete mir zunehmend schlaflose Nächte, Bauchweh und zusätzlichen psychischen Druck. Wir lebten in einem Haus, welches zu unterhalten und abzubezahlen war, hatten ein Kind zu versorgen und sie verlebte das Geld mit Dingen, die nur einen einzigen Zweck verfolgten: ihr Bedürfnis nach Geltung zu befriedigen. Das unsere Einnahmen, welche wirklich nicht gerade gering waren, perspektivisch ihre Ausgaben, Wünsche und die laufenden Kosten nicht mehr decken würden, war für jeden Grundschüler leicht und schnell auszurechnen. Ich fasste all meinen Mut zusammen und sprach sie in einem für mich geeignet erscheinenden Moment auf diese Entwicklung an. Ihre Reaktion darauf zeigte deutlich, wie sehr sie bereits den Bezug zur Realität verloren hatte.

„Das ist mir scheiß egal, was du hier sagst!"
*„Wenn du der Meinung bist, das Geld wird knapp, dann lass
dir was einfallen wie du für neues Geld sorgst!"*
*„Du bist doch so schon ein nutzloses Stück Scheiße, was sich
hier nur von mir durchfüttern lässt, da kannst du zumindest
so viel dazu beitragen und dir etwas einfallen lassen wo neues
Geld herkommt!"*

Meine vorsichtig, aber deutlich geäußerten Zweifel ignorierte sie damit völlig. Ihre Wünsche und der geforderte Geldfluss standen im Vordergrund. Ihr Fortbestehen und ihre Befriedigung, welche sich mittlerweile in einer regelrechten Gier äußerte, standen über allem. Nicht auszudenken zu was sie fähig wäre, wenn der Geldfluss versiegen würde.

Der Moment, wo das nicht Auszudenkende Wirklichkeit werden sollte, kam schneller als es mir lieb war. Dieser Moment kam, als sie beschloss ihren Job aufgeben um sich voll und ganz der Verwirklichung ihrer Wünsche zu widmen. Sie gab an, dass ihr Job sie zu sehr stresse und sie dadurch die Freude an ihrem Haus und an ihrem Besitz gar nicht richtig genießen könne. Ich müsse sehen, wie ich einen besser dotierten Job bekomme und wie ich der Versicherung weiteres Geld abverlangen könnte.

Eine Möglichkeit stand nämlich gegenüber der Versicherung der damaligen Unfallverursacherin noch offen: die Geltend-machung von Verdienstausfall während der Erkrankung. Und dies wäre nur möglich, wenn es zur sozialversicherungs-pflichtigen Beschäftigung noch eine selbstständige Beschäf-tigung gegeben hätte. Diese Information hatte sie sich be-reits beschafft.

Ich war aber nicht selbständig. Somit präsentierte sie mir folgenden Plan: Ich solle rückwirkend sämtliche Unterlagen erfinden, fälschen und selbst erstellen, die eine selbstständi-ge Tätigkeit – neben der regulären Tätigkeit – für glaubhaft erkennen lassen würde.

Sie fand das ganz einfach, denn sie hatte ein Nebengewerbe angemeldet in dem sie Hilfsarbeiten in Arztpraxen anbot. Diese Unterlagen könne man sehr einfach einscannen und auf meine Daten anpassen. Dazu noch passende Zahlen und fingierte Steuerbescheide und die Illusion wäre gegenüber einem Gutachter perfekt.

Dass die Angaben bei offiziellen Stellen nachgeprüft werden, hielt sie für unwahrscheinlich und sie nahm dies – sofern es dazu käme – in Kauf. Während ihrer Erklärung lief es mir eiskalt den Rücken runter. Ich wurde also instruiert, kri-minelle Handlungen zu tätigen, damit sie an weiteres Geld käme und ihr somit die Jobaufgabe leichter fällt.

Ich sollte unter ihrer Anleitung Versicherungsbetrug und Urkundenfälschung begehen. Ich schwieg zu ihren Ausführungen. Ich versuchte mit meinem Schweigen davon abzulenken und hoffte, dass sie die Gefährlichkeit dieses Vorhabens erkannte und von selbst zurückrudern würde. Fehlanzeige. Mein Schweigen wurde mit weiterer Gewalt honoriert. Sie schrie mich an und hielt mir vor Augen, wie nutzlos ich sei.

„Du elendes Stück Dreck von Feigling!"
„Bist du verdammt nochmal nicht in der Lage, Dinge nach meinen Vorgaben auszuführen?"
„Du wirst auf der Stelle anfangen, passende Unterlagen abzuändern und anzupassen!"
„Spätestens in einer Woche machen wir einen Verdienstausfall geltend!"

Währenddessen lief sie im Haus umher und zeigte mir, was ich alles nicht richtig oder nicht zu ihrer Zufriedenheit erledigt habe. Sie lief durch das Haus wie im Wahn, schmiss alles was sie in die Hände bekam umher und trat an jeden Gegenstand, der ihr vor die Füße rollte. Sie schrie sich binnen weniger Augenblicke in Rage, bekam wieder diesen weißen Belag in den Mundwinkeln und tobte unvorstellbar.

Ich musste hinter ihr herlaufen und mich für jeden ihrer Tritte, für jedes Umherwerfen und für jeden kaputt gehenden Gegenstand entschuldigen und diesen aufheben.

„Du Lusche!"
„Ich sollte dich auf der Stelle gleich mit zerschlagen wie diese Schale hier!"
„Dieses hässliche Scheißteil hier ist doch von deiner Mutter oder?"
„Das Teil taugt nicht mal dazu das man reinpissen kann!"

Sie nahm eine auf dem Wohnzimmertisch stehende Schale aus Glas, schüttete die sich darin befindlichen Nüsse aus und warf die Schale durch das lange Wohnzimmer gegen die Wand. Mit einem riesigen Knall zerflog die Schale in tausend Teile und Splitter. Ich sammelte so schnell es ging die Scherben auf. Sie kam mir hinterher, trat mich von hinten zu Boden, um mich augenblicklich wieder hochzuziehen und ins Schlafzimmer zu drängen. Dort öffnete sie den Kleiderschrank, riss mit Schwung das Scharnier der einen Tür aus dem Holz und zeigte auf die sich darin befindliche Wäsche.

„Du taubes Stück Scheiße!"

„Wie oft habe ich gesagt, dass meine Hosen nicht zusammengelegt in den Schrank kommen, sondern auf einen Bügel gehangen werden sollen?"

„Bist du geistig zurückgebliebener Spast wirklich nicht mal dazu fähig?"

Sie riss die Kleidung aus dem Schrank und warf sie die Kellertreppe hinab. Innerhalb von ein oder zwei Minuten lag der gesamte Inhalt des Kleiderschrankes am Ende der Treppe. Ich wollte die Treppe hinab gehen und die Kleidung wieder einsammeln.

Gerade als ich zwei oder drei Stufen gegangen war, gab sie mir einen Stoß mit dem Fuß. Ich fiel mit meinen reichlich 105 Kilogramm Körpergewicht die Treppe hinab und kam am Ende so unglücklich zu Fall, dass ich mit meinem ganzen Gewicht auf mein rechtes Bein fiel. Das Bein, welches bei meinem damaligen Unfall so schwer verletzt wurde und nun von der Hüfte bis zum Knie aus Implantaten bestand.

Ich war auf der Stelle bewegungsunfähig und ein unsagbarer Schmerz breitete sich im Bein und dem ganzen Körper aus. Das Bein wurde unterhalb des Knies augenblicklich dick. Ich bin kein Arzt, aber ich spürte, dass ich mir einen Bruch zugezogen hatte. Ich konnte die Schmerzen nicht mehr ertragen und schrie vor Schmerz. Es tat höllisch weh. Ich war unfähig mich zu bewegen, lag in einem riesigen Haufen von Kleidung, die Tür des Kleiderschrankes war herausgerissen und das Wohnzimmer sah aus wie nach einem Bombenein- schlag. Sie stand oberhalb der Treppe, warf mir noch den ge- füllten Wäschekorb mit Schmutzwäsche hinunter und sagte gehässig, dass ich zusehen solle wie ich aus dieser Situation heraus käme. Dann verließ sie das Haus und fuhr davon.

Der Kleine lag in seinem Zimmer und schlief. Ich spürte un- fassbare Schmerzen und mein Bein schwoll zunehmend an. Den Bruch konnte ich mittlerweile bei vorsichtiger Berüh- rung ertasten. Ich brauchte dringend Hilfe. Ich spürte ein zunehmendes Ohnmachtsgefühl und verspürte dazu noch ein dringendes Gefühl auf die Toilette zu müssen.

Zu diesem Zeitpunkt war mir nicht bewusst, dass ich mein Handy einstecken hatte. Ich kämpfte so sehr mit den Schmerzen und dem Gefühl auf die Toilette zu müssen, dass mir dieser Umstand völlig unerkannt blieb. Die Erinnerung, dass ich mein Handy einstecken hatte, kam, als es in meiner Hosentasche piepte und vibrierte. Eine SMS von ihr.

„IN ZWEI STUNDEN KOMME ICH ZURÜCK. BIS DAHIN IST ALLES TADELLOS AUFGERÄUMT!"

Dank dieser SMS wurde ich an mein Handy erinnert und rief

den Notruf. Der Rettungsdienst erschien nun das vierte Mal und fand mich in einer Lage vor, die nunmehr nicht mehr mit eigener Tollpatschigkeit erklärbar war.

Mittlerweile hatte ich mir auch in die Hosen gemacht – ein unbeschreibliches Gefühl von Scham. Ich rief noch die Tante meiner Frau an, damit diese auf den Kleinen aufpassen würde. Anders wusste ich mir nicht zu helfen. Dass meine Frau in zwei Stunden zurück sein würde, verdrängte ich in diesem Moment.

Ich wurde vom Rettungsdienst mit großer Mühe und unter starken Schmerzen aus meiner Lage befreit und in den Rettungswagen geschafft. Mir wurde noch vor Ort ein starkes Schmerzmittel gespritzt, so dass es für mich etwas erträglicher wurde.

Im Krankenhaus erhielt ich die Gewissheit: Der Unterschenkelknochen war gebrochen und am oberen Ende gespalten. Das Implantat im Oberschenkel, ein 35 cm langer Marknagel, war verbogen und hatte dadurch den Knochen wieder zum Reißen gebracht. Es sammelte sich sehr viel Blut und Flüssigkeit in meinem Bein, obwohl im Krankenwagen bereits eine Punktion durch den hinzugekommenen Notarzt durchgeführt wurde. Ich wurde augenblicklich für eine Operation vorbereitet. Diesmal waren die Verletzungen zu stark.

Der diensthabende Arzt fragte mich, wie es zu diesen Verletzungen gekommen sei. Ich sagte ihm unter Tränen, dass ich ihm dies nicht sagen könne. Er sah mich an, hielt meine Hand und sagte mit bitterer Stimme, dass er mich verstehe. „Häusliche Gewalt?", fragte er noch. Ich schloss die Augen und antwortete ihm nicht. Diese Geste war ihm Antwort genug.

Ich bekam in einer bald zwei Stunden andauernden Operation einen neuen Marknagel in den Oberschenkel eingesetzt. Ebenso wurde der Unterschenkel gerichtet und mit Schrauben fixiert. Jetzt wäre der beste Moment gewesen, dem jahrelangen Leid ein Ende zu setzen. Mich zu outen und den Ärzten alles zu sagen. Die Polizei hinzuzuholen und mich endlich zu lösen. Ich schwieg. Ich äußerte mich keinen Augenblick über meine erlebten Zustände. Die Angst vor ihr war panisch.

Am Folgetag erschien sie im Krankenhaus. Als sie das Zimmer betrat, wurde es gerade gereinigt und ich war nicht allein im Zimmer. Sie zeigte sofortiges Mitleid, wirkte traurig, weinte und setzte sich fürsorglich zu mir ans Bett. Als nach einigen Minuten die Reinigungskraft das Zimmer verließ, wandelte sich ihre Stimmung schlagartig. Sie drohte mir, während sie meinen Arm fest und schmerzhaft drückte, dass dies nur eine Kostprobe sei, sollte ich mir trauen sie zu verraten.

„Was fällt dir ein, hier eine derartige Szene zu machen und als ach so schwer Verletzter auf armes Opfer zu machen?"
„Sollte ich erfahren, dass du sagst was wirklich passiert ist, dann mach dich auf etwas gefasst!"

Sie schenkte sich etwas von meinem auf dem Betttischchen stehenden Wasser ein, trank einen Schluck und kippte den Rest auf mein Bett. Dann ging sie und sagte im Gehen, dass ich ja zusehen sollte, so schnell wie möglich wieder hier raus zu kommen. Mir war schlagartig klar, dass diese Frau jederzeit zum Äußersten greifen würde. Immerhin ließ sie mich schwer verletzt im Haus zurück.

Selbst dass der Kleine noch anwesend war, hinderte sie nicht daran. Und alles ausgelöst durch ihren Befehl, so schnell wie möglich Unterlagen zu fälschen.

Der Ausweg

Ihre Idee, mit gefälschten Unterlagen an Geld zu kommen, musste nach meiner Entlassung aus dem Krankenhaus umgesetzt werden. Da ich deutlich gespürt hatte wozu sie fähig war, führte ich alles nach ihren Vorgaben aus. Hier wünschte ich mir wieder eine große vom Himmel kommende Hand, die mich abhielt diese Dinge zu tun.

Ich ließ mich mittlerweile von ihr zu verbotenen und kriminellen Handlungen verleiten. In Anbetracht dessen, zu was sie im Stande war, war es mir das aber wert. Ich würde alles tun für jeden Tag, den ich ohne Gewalt und Misshandlung leben könnte. Und das wusste sie.

Wie es das Schicksal wollte, nahm der Gutachter die Unterlagen als gegeben hin und man bewilligte ohne weitere Prüfung eine Zahlung von erlittenem Verdienstausfall. Die Zahlung umfasste 18.500 Euro. Für die Versicherung vielleicht zu wenig, um dem genauer auf den Grund zu gehen. Ich weiß es nicht.

Nach der Zahlung dieses Geldes bekam aber auch sie Zweifel und verwarf den Gedanken, die Versicherung um weitere Gelder zu prellen. Hier erkannte wohl auch sie die Gefahr, in die man sich begibt. Immerhin hing ja etwas dran, was ihr das Wichtigste im Leben war: Geld. Die gezahlten 18.500 Euro würden vielleicht drei oder vier Monate genügen. Ein Zeitraum wo ich Glück haben könnte.

Glück dahingehend, dass ich „nur" wegen kleiner Alltäglichkeiten beschimpft würde und hier und da mal eine vertretbare Ohrfeige bekomme. Denn mittlerweile nahm ich die täglichen Beschimpfungen, Beleidigungen und die psychischen Machtspielchen von ihr als Normalität wahr.

Das ich wegen jedem falschen Schritt eine Ohrfeige oder einen Tritt bekam war ebenso normaler Alltag. Solange es nicht mit dem Rufen des Rettungsdienstes endete, war es verträglich. Sie nahm weiterhin ihr tägliches ausgiebiges Vollbad. Hier musste sie wie gewohnt mit geschnittenem Obst und Getränken versorgt werden. Alles in einer fest vorgegebenen Reihenfolge. War etwas nicht wie sie es wollte, gab es Schläge.

Ich beherrschte dieses Ritual aber mittlerweile perfekt, so dass Sanktionen von ihr sehr selten wurden – zumindest was diese Sache anbetraf. Das Schicksal wollte aber auch hier zeigen, dass es auf ihrer Seite zu stehen schien. Sie nahm ihr tägliches Vollbad und ich wurde wie gewohnt zum Obst zubereiten geschickt. Doch diesmal war kein Obst im Haus. Ich hatte vergessen, dass für sie passende Obst zu kaufen. Ich wusste nicht wie das passiere konnte. Ich hatte es vergessen. Es waren nur Äpfel und Bananen im Haus. Das würde sie nicht essen. Sie verlangte stets ihren vorgegebenen Obstteller – Äpfel und Bananen hatten darauf aber nichts zu suchen. Sofort breitete sich eine unvorstellbar große Angst in mir aus.

Wie soll ich ihr das beibringen? Ich wünschte mir, auf der Stelle im Boden zu versinken. Für immer. Ich musste es ihr aber sagen, denn mittlerweile war die Zeit heran gerückt, dass ich mit dem Obstteller an der Badewanne erscheine.

Ich trat in das Badezimmer und sagte, dass ich leider vergessen habe Obst zu kaufen und nur Äpfel und Bananen da sind. Sie antwortete mit einem einfachen *„Okay, schön"* und forderte mich dann auf das Badezimmer zu verlassen.

Wenige Minuten später hörte ich, wie das Badewasser abgelassen wurde. Trotzdem der Kleine im Wohnzimmer spielte, lief ich so schnell es ging in die Gästewohnung – meinen Zufluchtsort – und verschloss wie immer die Tür von innen. Ich hatte kleine heimliche Vorräte angelegt, hatte Wasser in Flaschen, eine Taschenlampe sowie etwas zu Essen versteckt. Ich hörte wie sie die Treppe hinab rannte und wie wild vor die Tür der Gästewohnung trommelte.

„Dir mache ich schon Druck im Arsch, du Lusche!"

„Das sollst du bereuen, dass du dich so feige aus der Affäre ziehst!"

Wie gewohnt stellte sie Strom und Wasser ab und ließ mich somit mehr oder weniger mittellos im Dunkeln schmoren. Von meinen Vorräten wusste sie nichts. Zum Glück.

Die vermeintliche Ruhe sollte nicht lange andauern. Es war mittlerweile so spät, dass sie den Kleinen ins Bett brachte. Kurz darauf gab es einen immensen Schlag gegen die verschlossene Tür der Gästewohnung. Dieser Schlag wiederholte sich zwei oder drei Mal, dann sprang die massive Holztür auf und sie stand im Raum.

Sie war nur mit einem Bademantel bekleidet. Diesen legte sie ab und begann leise aber bestimmt auf mich einzureden.

„Du denkst wohl du bist ein ganz Schlauer, hmm?"
„Deine zunehmende Selbständigkeit kotzt mich langsam mehr und mehr an!"
„Aber ich werde dir nun etwas zeigen, was dich sehr schnell sehr klein werden lässt, mein liebster Ehemann!"

Dann begann sie sich selbst zu boxen. Am Oberkörper, an den Armen, am Kopf. Immer und immer wieder schlug sie sich. Dabei schrie sie unentwegt *„hör auf, tu mir nicht weh"*,

„hör doch bitte auf". Sie schrie diese Worte immer und immer wieder und grinste mich dabei an. Sie schlug immer wieder auf sich ein und schrie und grinste. Sie wirkte wie in Trance. Ich stand schweigend in der Ecke des Zimmers.

Die Situation erschien mir dermaßen unwirklich, dass ich kein Wort sagen konnte und schweigend zusah. Nach vielleicht zehn Minuten war sie fertig. Sie nahm ihren Bademantel, zog ihr Handy aus der Manteltasche und machte eine Handbewegung auf dem Display. Danach machte sie ein Foto von sich.

„Schon toll so eine Diktierfunktion, oder?"
„Ich glaube, mit so einer Beweislage solltest du es mehr als schwer haben."
„Wenn du also mal auf die Idee kommen solltest, deine Fresse aufzumachen, was dir hier angeblich widerfährt, hole ich diesen kleinen Joker aus der Tasche."

Dann nahm sie ihre Finger, leckte daran, spreizte ihre Scham, rieb sich ein paar mal daran und sagte: *„Pass auf den Kleinen auf, ich fahre nun ficken"*.
Noch bevor sie angezogen das Haus verlassen konnte, nahm ich den Schlüssel meines Dienstautos und wollte augenblicklich das Grundstück verlassen. Wie aus dem Nichts erschien

sie am Hintereingang, stellte sich vor mein Auto und grinste mich an. Ich fuhr rückwärts, um sie zu warnen. Sie nahm einen circa 20-25 Kilogramm schweren Stein von der Wegumrandung, stellte sich wieder vor mein Auto und krachte mir diesen Stein direkt auf die Motorhaube.

„Beim nächsten Mal trifft der Gute hier deinen Kopf und nicht das Auto."

Meine Angst war auf einem Höchststand angelangt. Ich verriegelte das Auto von innen und wartete einfach ab. Unerwartet ließ sie vom Auto ab und stellte sich auf die Wiese.

„Hau doch ab du feiges Schwein!"
„Denke dran, ich habe den Joker!"

Sie hielt ihr Handy in die Höhe und grinste. Ich fuhr augenblicklich davon und sie machte keine Anstalten, mich davon ein weiteres Mal abzuhalten.
Ich fuhr blind drauflos, wohin wusste ich nicht. Während der Fahrt gingen mir die letzten Jahre durch den Kopf. Ich erlebte jeden Gewaltausbruch im Zeitraffer noch einmal. Ich spürte jede Narbe, die von ihren Verletzungen herrührte. Ich sah ihre Gesichtsausdrücke, roch ihren Geruch, den

Schweiß, die weißen Ränder in den Mundwinkeln. Alles lief an mir vorbei wie in einem Film.

Was es von einem Film unterschied war, dass Geräusche, Gerüche, Empfindungen und Eindrücke zu spüren waren. Ich ließ den Film in mir laufen und fuhr weiter ohne Ziel. Die dabei aufkommenden Schmerzen wurden immer unerträglicher. Die Angst, dass sie mich finden würde, wurde immer größer.

Ich fuhr an meiner eigentlich ziellosen Fahrt an einem Mobilfunkmast vorbei. Es war bereits dunkel und ich konnte den Mast nur schlecht erkennen. Aber ich erkannte, dass es ein Mast war. Diesen Mast sah ich jeden Tag auf dem Weg von der Arbeit nach Hause, denn er stand nur zwei Kilometer von Zuhause entfernt.

Ich hielt auf dem Kiesplatz vor dem Mast, parkte mein Auto und schaute aus dem Autofenster hinauf zum Mast. Der Mast war von einem Maschendrahtzaun umzäunt und mit einem kleinen Türchen, ähnlich einer Gartentür, vor Zutritt geschützt. Ich stand eine gefühlte Ewigkeit vor dem Türchen. Der Film lief immer und immer wieder in mir ab und rings um mich herum hörte ich ihre Stimme, spürte ich ihren Atem und roch sie. Das alles gepaart mit einer unvorstellbaren Angst, das alles nie enden würde. Je mehr die Angst wuchs, umso mehr drängte sich der Gedanke auf, dass ich hier die Chance hätte all dem ein Ende zu setzen. Der Mast könnte mir helfen für immer vor ihr zu entfliehen. Oft kamen mir die Gedanken, dass es wohl das Beste sei mich aus dieser Welt zu verabschieden. Zu groß waren das Leid und die erfahrenen Misshandlungen. Zu ausweglos schien mir meine Situation. Der Mut dazu hatte bisher immer gefehlt. Nun fasste ich mehr und mehr den Mut. Hier wäre der Platz mich für immer von ihr zu lösen. Ich stemmte mich mit vollem Gewicht immer wieder an das Türchen.

105 Kilogramm hält auch ein Türchen aus Maschendraht auf Dauer nicht aus. Nach mehrmaligem Dagegenstemmen sprang es auf. Ich lief zum Mast und kletterte die schmale Leiter an ihm hinauf. Nach gerade mal einem Meter war eine Art Treppensicherung angebracht, ein Blech von ca. 1,50 Meter Länge, welches die folgenden Leitersprossen blockierte. Ich schaute mir die Konstruktion an und sah, dass die Sprossen seitlich frei waren. Zwar war der hier offene Spalt sehr schmal, aber man konnte ihn mit etwas Geschick überwinden, es war ja nur 1,50 Meter. Trotzdem ich eine riesige Höhenangst hatte, schaffte ich diese Hürde und kletterte den Mast bis an seine Spitze empor. Meine Höhenangst spielte hier keine Rolle mehr. Ich sah diesen Mast als meine Erlösung all der Qualen. Ich muss

lange auf der Empore des Mastes gesessen haben. Immer und immer wieder ließ ich den Film in mir ablaufen.

Immer wieder kam die Angst in mir hoch. Immer mehr verstärkte sich der Wille, den Sprung zu wagen und endlich frei zu sein. Ich hatte keine Zweifel mehr, dass ich den Sprung ausführen würde. Der Freitod war eine immer schöner werdende Vorstellung. Der Tod erschien mir als die beste Alternative zu entfliehen.

Doch es fuhr ein Auto auf den Kiesplatz. Ein Mann stieg aufgeregt aus und rief zu mir hoch, ich solle vernünftig sein und herunterkommen. Ich nahm ihn anfangs gar nicht wahr. Seine Rufe wurden immer lauter und eindringlicher. Ich schaute hinunter und erkannte an der Stimme den Mann. Es war der Vater eines Kindes, welches mit dem Kleinen zusammen in die Krippe ging. Wir hatten anfangs einen sehr guten Draht zu dieser Familie aufgebaut. Leider hat sich diese Familie dann von uns distanziert, da sie mit der ständigen Selbstgefälligkeit meiner Frau nicht zurechtkam. Wie ich erfuhr, hatte meine Frau Angst bekommen und diese Familie angerufen ihr zu helfen, mich zu suchen.

Da dieser Mast nur knapp zwei Kilometer von zuhause entfernt an der Straße stand, war es kein wirklicher Zufall daran vorbeizukommen. Und da mein Auto direkt davor parkte und ein riesiger PickUp nicht zu übersehen ist, war es nur eine Frage der Zeit, bis mich der kleine Suchtrupp fand.

Er rief mir immer wieder zu, ich solle vernünftig sein und runterkommen. Man brauche mich und ich solle diesen Ausweg nicht wählen. Er war ein Mann von über zwei Meter Körpergröße und gut und gerne 150 Kilogramm schwer. Er stand unten am Mast, weinte bitterlich und bat mich eindringlich herunterzukommen. Ich gab nach.

Seine Angst, dass ich wirklich herunterspringen würde, war für mich nicht zu ertragen. Unten angekommen nahm er mich fest in die Arme, weinte herzerweichend und sagte, ich solle sowas nie wieder tun. Ich ließ mich wie versteinert umarmen.

Im Auto saß meine Frau. Ich stieg zu ihr ins Auto, er blieb noch ein paar Momente draußen und sammelte sich. Sie sah mich an, drehte sich dann verachtend weg und sagte:

„Wenn dir weiter nichts anderes einfällt als dich wegzuputzen, du feige Sau..."

Er stieg in das Auto, schaute uns eine Weile lang an und fuhr uns dann nach Hause. Die Gründe meiner angedachten Tat kennt er bis heute nicht. Was ich zuhause erlebte, weiß er ebenso bis heute nicht. Ihm verdanke ich mein Leben. Nur wenige Augenblicke später und ich wäre gesprungen. Lediglich seine deutlich gezeigte Angst, Zeuge eines Suizids zu werden, hielt mich davon ab. Ich wollte niemanden mit hineinziehen in meinen Entschluss.

Ab diesem Moment fasste ich den Willen, mich nach und nach von dieser Frau zu lösen. Wie ich dies anstellen sollte, wusste ich zu diesem Zeitpunkt nicht. Wie lange es dauern würde, auch nicht.
Jedoch zeigte mir der Umstand deutlich, dass ich bereit wäre mein Leben zu geben um aus allem zu entfliehen und einen Ausstieg planen muss. Koste es, was es wolle. Den höchsten Preis, mein Leben, war ich bereit zu zahlen. Teurer kann es nicht werden.

Ab jetzt beginnt ein Kampf welcher mir ein weiteres Mal beinahe den Preis des Lebens kostete. Ein Kampf welcher mich kriminell werden ließ und zeitweise in der Obdachlosigkeit endete. Und welcher mich beinahe etwas tun ließ, was mich für 25 Jahre hinter Gitter gebracht hätte.

Ich bin zum Zeitpunkt wo ich dieses erste Buch schreibe noch nicht in der Lage diesen Kampf der Welt mitzuteilen. Jedoch: Dieser Kampf ist beendet.

Diesen Kampf habe ich gewonnen. Den Kampf mit meiner Frau.

Diesen Kampf und den Ausgang dessen der Welt mitzuteilen, ist ein Herzenswunsch. Diesen Schritt zu gehen bedarf es noch eine kleine Weile.

„Das Schicksal ereilt uns oft auf den Wegen,
die man eingeschlagen hat,
um ihm zu entgehen".

Jean de La Fontaine

Über den Autor

Tami Weissenberg. Jahrgang 1982. Geschieden. Nichtraucher. Geboren in Gotha / Thüringen.

Die ersten Kindheitsjahre aufgewachsen in einer 700-Seelen Gemeinde. Umzug zu DDR-Zeiten ins Erzgebirge. Abitur auf dem 2. Bildungsweg. Berufsbegleitendes Studium. Erstes prägendes Erlebnis: Verkehrsunfall mit Todesfolge. Unverschuldet. 1 Jahr Therapie, stationär. Lebensbeginn bei null, auf allen Ebenen. Das Streben nach Intellekt setzte spät ein. Maßgeblicher Antrieb war eine von Misshandlung und Gewalt bestimmte Ehe. Ein gutes Jahrzehnt prägte dies mein einfaches und bodenständiges Leben. Einsetzen der Flucht ins Schreiben. Gedanken auf Papier. Unzählige ... zählen? – unmöglich. Papier und Poesie hielten und halten mich aufrecht. Schwarz auf weiß, konserviert.

Engagiert als Initiator und Koordinator von Männerschutzprojekten. Liebhaber schöngeistiger Dinge.

Neugierig. Rastlos. Tiefgründig.

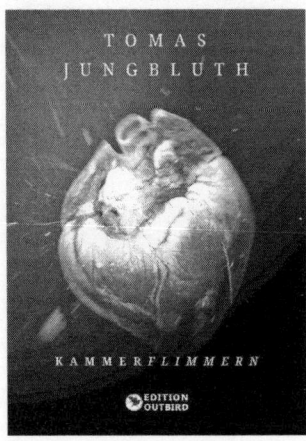

Tomas Jungbluth obduziert in unter die Haut gehenden Wortlandschaften die ebenso innige wie zerstörerische Liebesbeziehung zweier Hochsensibler, die schon früh einen schweren Vertrauensbruch erfährt und allmählich in diesem zunehmenden Riss verschwindet.

Zwischen Liebeserklärung und Trennungsaufarbeitung erzählt dieser liebevolle wie schonungslose wie emotional reich bebilderte Monolog gleich einem langen Brief aus dem Spannungsfeld zwischen Wahrscheinlichkeit und Fiktion, Anziehung und Ablehnung, hoher Verletzlichkeit und Sensibilität.

Und gibt damit nicht zuletzt auch männlicher Hochsensibilität und Verletzlichkeit und ihren bisweilen unüberschaubaren emotionale Höhen und Untiefen ein Gesicht. Zugleich versucht „Kammerflimmern" den Sinn hinter der schmalen und allzu eng gesteckten Gratwanderung „Borderline" zu verstehen.

ISBN 978-3-95915-114-6 , Preis: 9,90€
Erhältlich unter: shop.outbird.net

Bereits erschienen in der Edition Outbird:
Axel Kores „Verschwendete Jugend"

Axel Kores' Debüt „Verschwendete Jugend" ist ein mal schnoddrig, mal hochpräzise, mal rotzig erzählter, rasanter Roman, dessen Plot sich auf des Protagonisten Bloomsteins ebenso obsessive wie nie gelebte Liebe bezieht und drum herum seine Sozialisation im Damals und im Jetzt durchblicken lässt: Einst Punk und Hausbesetzer, lebt der erfolglose Künstler und in die Jahre gekommene Systemverweigerer jetzt von Betrügereien, Containern und Gelegenheitsjobs und nimmt immer wieder wechselnde Rollen ein, um seinem einzigen erkennbaren Lebensziel – seiner Jugendliebe Maria – wieder nahe zu kommen, die als Hauptdarstellerin eines Theaterstücks wegen eine Zeitlang in der Stadt weilt.

„Verschwendete Jugend" ist ein kurzweiliges Prachtstück der Erzählkunst, welches von Kores' Detailverliebtheit und Wortvielfalt ebenso sehr lebt, wie von seinem ganz offenbar reichhaltigen emotionalen Innenleben, welches immer wieder für harte Gänsehautschauer sorgt.

ISBN 978-3-95915-106-1 , Preis: 12,00€
Erhältlich unter: shop.outbird.net

Bereits erschienen in der Edition Outbird:

Michael Schweßinger „Robinsonaden vom 40. Breitengrad"

Schweßinger, der weltreisende Nonkonformist, begnadete Beobachter und Erzähler, legt mit „Robinsonaden vom 40. Breitengrad" ein Band aus Stories auf, das in seiner fesselnden Erzählsprache den Wunsch erzeugt, in einem Zug durchgelesen zu werden.

In diesem Buch lernt man rasch nachzuvollziehen, wie schnell man in diesem System verheizt werden kann. Sein aktuelles Buch zeichnet seine Eindrücke aus Land, Arbeitsmaschinerie und Leuten, und damit seinen Weg in einem Ferienclub in Italien nach, wo europäische Arbeitsgesetze nicht das Papier wert sind, auf dem sie einst beschlossen wurden. 60, 70 Stunden je 6-Tage-Woche, zwangsfröhliche Gruppendynamik, Anpassen und die Saison irgendwie runterreißen.

Schweßinger hat viel zu erzählen, Und so schreibt er nachts während des Backens seine Beobachtungen vom Tag, seine Begegnungen, menschlichen Profilskizzen und systemkritischen Reflektionen auf unzählige Post-Its, aus denen dereinst „ganz nebenbei" dieser große Wurf von neuem Buch entstand.

ISBN 978-3-95915-107-8, Preis: 12,00€
Erhältlich unter: shop.outbird.net

Häusliche Gewalt gegen Männer - Schutzangebote in Sachsen

Seit 2017 bieten zwei staatlich geförderte Männerschutzwohnungen in Leipzig und Dresden jeweils bis zu drei Männern und ihren Kindern zeitweilig Zuflucht und Unterstützung.

Anfang 2018 kam eine dritte, privat betriebene Schutzwohnung dazu, eingerichtet unter dem Dach des Weissenberg e.V. in Plauen für das Vogtland.

Die Landesfachstelle Männerarbeit Sachsen ermutigt Männer mit der Kampagne „Mann, gib dich nicht geschlagen", sich Hilfe zu holen. Kontaktkärtchen, Strassen- und Toilettenwerbung, Postkarten, Plakate, Bierdeckel sowie gezielte Medienarbeit tragen zur langsam steigenden Bekanntheit der Schutzräume bei. Die Anfragen über die Kampagnen-Website **www.gib-dich-nicht-geschlagen.de** nehmen zu; die Auslastung der Wohnungen in Dresden und Leipzig liegt inzwischen bei über 60 Prozent.

Um eine Verstetigung der Kampagne zu ermöglichen, freuen wir uns über Spenden auf das Konto
IBAN: DE2880503000221096744
BIC: OSDDDE81XXX.

LAG **JUNGEN- UND MÄNNERARBEIT** SACHSEN e.V.

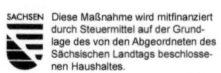

SACHSEN Diese Maßnahme wird mitfinanziert durch Steuermittel auf der Grundlage von den Abgeordneten des Sächsischen Landtags beschlossenen Haushaltes.